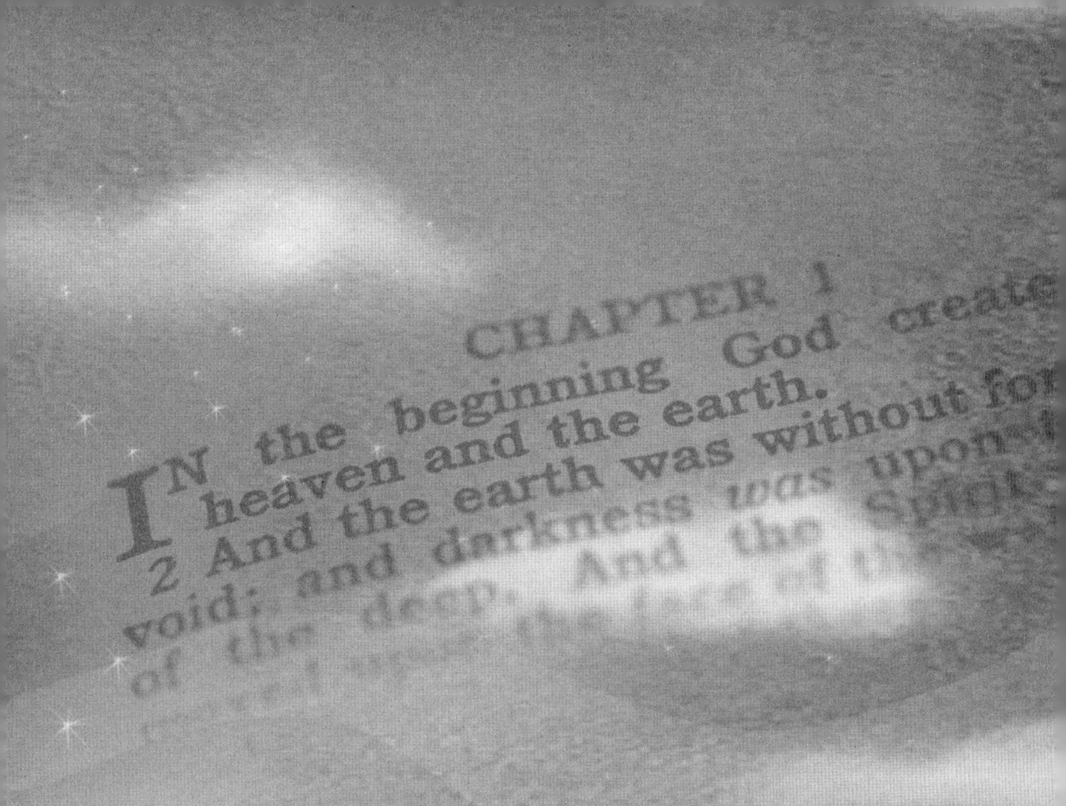

목회돌봄과 상담학자로서 성서 읽기

힐링으로 읽는 창세기

| **장보철** 지음 |

쿰란출판사

추천사

《힐링으로 읽는 창세기》는 간결하지만 상담치료적 관점에서 성경구절을 풀어내고 있다. 하나님이 인간에게 들려주시는 치료의 언어와 희망의 가락을 잘 살려낸 이 책은 창세기 구절구절에 숨겨져 있는 하나님의 힐링 터치를 경험하게 해준다. 또한 창세기에서 힐링의 주제를 드러내는 중요한 구절을 선택한 저자는 인간의 연약함과 방황과 혼돈, 실수와 좌절의 순간을 따뜻하게 응시하며 묵상거리를 제공한다.

그리고 인생을 살아가면서 쌓인 마음의 쓴뿌리, 의심과 좌절, 열등감과 후회막급한 자책, 비탄과 보복 감정으로 냉담해진 현대인들을 부드럽게 어루만져 주시는 하나님의 모성애를 풍성하게 맛보게 해준다. 이 책을 읽는 독자들은 하나님을 상담자로 자신을 내담자로 여기며 창세기의 말씀 속으로 이끌려들어 갈 것이다.

2014년 6월 30일

김회권 교수

(숭실대 기독교학과)

머리말

창세기를 힐링으로 읽는다고? 구약학자면 당연히 해야 할 작업이지만, 목회상담학자가 창세기를 분석하고 해석한다니 머리를 약간 갸우뚱하는 사람도 있을 법하다. 하지만 나는 이러한 작업 역시 인간의 상처, 절망, 아픔, 울부짖음, 희망, 치유를 이야기하는 목회상담학자로서 반드시 해야 할 실천적 과제라고 믿는다. 왜냐하면 하나님의 말씀인 성경은 우리의 삶을 관통하며 이끄는 구체적인 힘이 있음을 믿기 때문이다.

하나님의 말씀은 그저 우리의 머릿속에서 관념적으로 맴도는 사색의 대상으로 그치는 것이 아니라, 우리의 삶의 현장에서 살아 움직이며, 이 땅위에서 진정한 생명과 자유를 줄 수 있다고 믿는다. 나는 성서에 대한 그러한 믿음의 확신을 가지고 개인의 삶과 사회와 문화를 대상으로 풀기 위한 첫 번째 작업으로 창세기를 힐링으로 이야기하였다.

성경은 매우 다양한 시각으로 이해하고 분석하며 접근해 갈 수 있다. 구약을 신약의 입장에서, 신약을 구약의 관점에서 다룰 수 있으며, 신·구약을 조직신학과 기독교 윤리학적인 틀에서 볼 수도 있다. 또한 설교와 예배, 기독교 교육, 목회상담학 등 실천신학을 사용하여 해석할 수도 있다. 그러한 다양한 학문적인 접근 방식을 통하여 우리는 나무와 숲을 다 볼 수 있는 신앙으로 성장하게 된다. 그런 의미에서 이 책 《힐링으로 읽는 창세기》는 전통적인 창세기 이해에서 조금 벗어나 치유와 희망의 관점에서 읽을 수 있는 좋은 기회를 독자들에게 제공해 줄 것이다.

이 책 《힐링으로 읽는 창세기》를 마무리하면서 나에게 목회신학을 가르쳐 주신 스승들의 얼굴이 애잔하게 떠오른다. 특히, 에모리 대학교 캔들러 신학대학원의 로드니 헌터 명예교수와 아일리프 신학교의 래리 그레이엄 교수의 목소리와 강의 모습이 몹시도 그립다. 그들은 한결같이 기회가 되면 목회돌봄과 상담학의 관점에서 조직신학을 체계화하고 싶다고 했다.

그러나 그분들의 나이로 봐서 이제는 교실 안에서의 열정으로 끝나버리고 말 것임이 틀림없다. 나에게 그런 작업을 해야 한다고 당부하셨는데, 죄송하게도 그것은 나의 신학적 역량을 훨씬 뛰어넘는 벅찬 일이다. 대신에 앞으로 기회가 주어진다면 《힐링으로 읽는》 성서 시리즈를 내면서, 목회돌봄과 상담학자로서 성서를 읽는 작업을 성실하게 할 것을 다짐해 본다.

성서는 공부나 연구의 대상으로 그쳐서는 안 된다. 한국의 모든 교회에서 성경공부 시간이 매우 많은데, 그럼에도 불구하고 한국 크리스천의 신앙에 대한 의식구조는 매우 열악하고 무너지기 쉬운 것 같다. 성서는 그 자체로도 매우 큰 의미가 있고 귀중한 책이지만, 그 안에 담긴 온갖 다양한 사건의 모습들을 지금 우리의 삶의 현장과 연결시키지 못한다면 우리는 제대로 된 '성경공부'를 하지 못했다고 해도 과언이 아닐 것이다. 부족한 책이지만, 독자들과 함께 이 책에 나오는 주제에 대해서 고민하기를 갈망한다.

한국 기독 출판계의 현실은 그리 녹록하지 않다. 잘 팔리지 않는 책을 한 권 한 권 낼 때마다, 사실 출판사에 미안한 마음이 있다. 많이 팔려야 하는데 하지만 막상 결과는 그다지 좋지 않다. 이번에도 또 하나의 마음의 짐을 쿰란출판사에 지우는 것 같다. 흔쾌히 출간에 응해 주신 이형규 사장님께 감사의 말씀을 전하고 싶다. 책의 기획과 교정과 디자인 그리고 인쇄에 이르기까지 많은 일을 처리하는 오완 과장과 모든 직원들의 수고도 고맙다. 한국의 교계와 신학계를 위해서 불철주야 바쁘신 가운데서도 기꺼이 졸작을 읽으시고 추천사를 써 주신 숭실대학교 기독교학과의 김회권 교수님께 심심한 사의를 표한다. 그의 광범위하면서도 세밀한 학문적인 지평과 하나님 나라에 대한 열정은 커다란 도전으로 다가온다.

나에게 현실적으로 신앙적인 통찰을 주고 있는 아내 김수진과 아들 장현민, 학문과 실천의 장에서 함께하는 부산장신대학교 교수 공동체, 교실에서 같이 웃고 울면서 자신들의 이야기를 들려주는 부산장신대학교의 목회상담학과 상담치료대학원 학생들과도 이 책을 공유하고 싶다.

내 삶의 지평을 넓혀주었던 이 땅의 고통받는 사람들의 눈물이 기억난다. 미국 조지아 애틀랜타의 한 조그마한 시골의 호스피스 병원에서 만났던 사람들의 냄새와 아파하는 얼굴들이 아직도 스쳐 지나간다. 그들은 힘겨운 하루하루의 삶을 살아가고 있던 가난한 유학생이자 목회자였던 나에게 이 세상을 창조하신 하나님께 감사하는 마음을 가르쳐주었다. 그때의 마음들이 모여 지금 이 한 권의 책이 완성된 것임을 마음에 새기고 있다.

아직도 세월호는 진행 중이다. 그로 인한 아픔이 가시지 않고 있음은 물론, 어쩌면 끝나는 날을 알지 못하는 '현재진행형' 이 될까 두려움이 들기도 한다. 거기에는 사람들의 울음뿐만이 아니라, 하나님의 울음도 함께 뒤엉켜 있을 것이다. 그곳에 치유와 희망이 조금씩, 아주 조금씩이나마 피어오르기를 진정으로 기도드린다.

2014년 6월 30일

장 보 철

목차

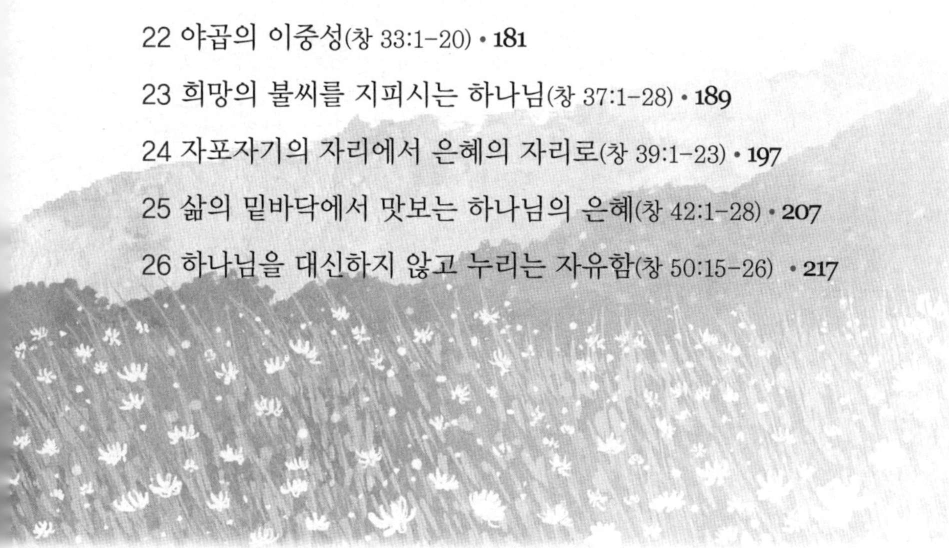

| 01 | 창 1:1-2

어둠과 혼돈, 삶의 여정

말씀 읽기

"태초에 하나님이 천지를 창조하시니라 땅이 혼돈하고 공허하며 흑암이 깊음 위에 있고 하나님의 영은 수면 위에 운행하시니라"(창 1:1-2).

묵상하기

흔히들 창세기 1장의 서두에 등장하는 하나님의 천지창조 이야기를 믿으면, 나머지 구약에서부터 신약의 요한계시록까지도 모두 믿을 수 있다고 말한다. 물론 이와는 반대로 창세기 첫 장 첫 절부터 믿지 못한다면, 성경의 다른 부분들 역시 믿기 어려울 것이라는 말도 성립될 수 있을 것이다. 천지창조 사실은 믿겠는데 다른 이야기들은 믿지 못하겠다든지, 천지창조는 믿지 못하겠지만 다른 이야기들은 믿을 수 있다고 말할 수는 없다는 것이다. 왜냐하면 처음부터 끝까지 성경 전체를 관통하는 것은 하나님의 이야기이기 때문이다. 창조와 인간의 타락에 의한 죄, 예수 그리스도의 나심과 죽으심과 부활, 성령, 교회 그리고 심판과 영원한 생명에 관한 이야기들이다. 그렇기 때문에 어떤 것은 믿고, 어떤 것은 믿지 않는다는 것은 자기의 편의대로 믿는 것이지 건강한 믿음이 아닌 것이다.

무한하신 하나님, 유한한 인간을 치유할 희망

창세기 1장 1절에 나오는 천지창조의 선언은 기독교 신앙의 가장 근본이자 핵심이다. 하나님과 이 세상의 근원에 대해서 아주 짧지만 명백하게 말하고 있기 때문이다. 하나님은 과연 어떤 분이신가? 누구신가? 하나님은 어떻게 해서 존재하게 된 것일까? 기독교를 믿기 시작하고, 믿음이 성장함에 따라서 혹은 의심하는 과정에서 한 번쯤 부딪혔을 법한 질문이다. 아쉽게도 성경은 하나님의 존재에 대해서 속 시원하게 답해 주지 않는 것처럼 보인다. 당신이 누구냐고 이스라엘 백성들이 물으면 어떻게 답해야 하느냐는 모세의 질문에, 하나님은 "나는 스스로 있는 자"라고 말씀하실 뿐이다.

하나님의 존재는 이런 식이다. 아마도 지금 이 시대에 똑같은 질문을 한다면, 하나님은 같은 대답을 하실까? 틀림없이 그러실 것이다. 유한한 우리 인간들에게 절대로 확실한 답을 주시지 않으시는 하나님! 우리는 그분을 믿고 있는 것이다.

그런데 "태초에 하나님이 천지를 창조하셨다"라고 선언하고 있는 창세기를 믿으라는 것이 어찌 보면 매우 황당하고 어리석은 일처럼 보일지도 모르겠다. 너무도 비논리적인 말처럼 들린다. 그래서 하나님의 존재를 확실하게 알고자 애쓰면 애쓸수록 더 깊은 무지의 밑바닥으로 처박히고 마는 순간들을 맛보곤 하는 것이다.

이 땅을 살아가면서 부딪히는 수많은 고통과 고난의 현장들을 경험하면서 "하나님, 당신은 정말 어떤 분이십니까?" "과연 지금 나와 함께 계시는 건가요?" "지금 나를 보고 계신가요? 내 울부짖는 소리가 들리시나요? 너무도 참기 힘든 이 현실을 견뎌내야만 하는 내 모습을 보고 계신가요?"라는 우리의 질문에 하나님께서는 그저 침묵만 하고 계시는 것처럼 느껴질 때가 너무도 많다. 내 고통에 귀기울이시지 않는 하나님에 대해서 우리는 회의하고 질문을 던지며, 그분의 응답을 갈망한다.

1998년 여름, 캐나다의 중서부를 여행한 적이 있었다. 유명한 관광지 밴프에서의 일이었다. 당시 나는 갓 30대에 접어들었기에, 아직 젊고 혈기가 충만해 있었다. 나는 단돈 1달러라도 아끼고자 미리 예약했던 유스 호스텔로 가야만 했다. 버스가 나를 낯선 곳에 내려준 후 유스 호스텔이 있는 산을 바라보았다. 제법 멀기는 했지만, 걸어가도 그리 어렵지 않게 갈 수 있을 것만 같았다. 등에 배낭을 맨 채 마음을 다잡고 땀을 뻘뻘 흘리며 산만 바라보고 한참을 걷고 있었다. 정말 저곳에 머물 곳이 있을까? 지금 제대로 가고 있는 것일까? 마음이 급해지기 시작했지만, 여전히 유스 호스텔이 있는 산은 바로 저 앞에 그대로 있었다. 저기만 가면 잘 곳이 있는 것이다.

분명 눈에 보이는 곳을 향해서 곧장 걸어갔지만, 아무리 걸어도 여전히 손에 잡히지 않는 유스 호스텔이었다. 한 시간 반 정도 걸었을까? 너무도 지친 나는 걸어가기를 포기하고, 할 수 없이 버스를 잡아타야만 했다. 버스는 빠른 속도로 목적지를 향해서 달리고 있었다. 버스가 산으로 가까이 가면 갈수록 서서히 그곳의 모습이 분명하게 다가오기 시작했으며, 의심할 바 없이 나는 유스 호스텔에 도착할 수 있었다.

그렇다. 하나님은 우리 마음속에 그리고 삶 속에 혹은 고통받는 현실 속에 분명히 계신다. 다만 금방 우리 눈으로 확인할 수 없기에 믿음의 여행이 너무도 힘들게 느껴지는 것이다. 분명 하나님이 계시다는 것은 알겠는데, 도저히 만질 수도 없고 느낄 수도 없으니 안타까운 것이다. 그런 나머지 초고속으로 하나님을 만나려고 이런저런 잘못된 방법을 시도하다가 급기야는 이단에 빠지는 경우도 있다.

상처와 아픔과 고통 속에서 급하고 지친 마음에 고속버스를 타는 것이 아니라, 힘들고 지치더라도 스스로 존재하시는 하나님을 믿는 확신을 가지고 오늘을 살아가는 것이 필요하다. 하나님의 존재가 그 어떤 것으로부터 시작하지 않았다는 것이 오히려 우리에게 너무도 큰 위로와 희망을 준다는 사실을 기억하자. 하나님은 유한한 인간들의 생각과 사고, 경험과 논리를 초월하여 존재하시는 분이시다. 하나님이 태초부터 지금까지 그리고 영원히 존재하시는 분이시라면, 우리의 삶 속에서 하실 일 역시 무한하고 무궁하지 않겠는가? 우리에게 믿음의 담대함과 끈질김이 있다면, 이 땅에서 당하는 환난과 아픔들을 능히 이기고도 남을 것이다.

혼돈과 공허 그리고 어두움, 빛이 숨 쉬는 곳

하나님이 천지를 창조하실 때 이 땅은 혼돈하고 공허하며 흑암이 깊었다. 당연히 그 어떤 생명체도 존재하지 않았다. 숨을 쉬고 있는 것들은 아무것도 없었으며, 그저 말 그대로 어두움과 혼돈 그리고 공허함만이 가득했다. 스스로 계시는 하나님, 우리 인간들의 머리로는 이해하려야 도저히 이해할 수 없는 하나님은 바로 그 순간, 그 자리에서 창조의 사역을 시작하신 것이다. 그런 의미에서 하나님의 창조는 바로 어두움에 빛을, 혼돈한 세상에 질서를, 공허한 곳에 의미를 부여하시는 작업이라고 말할 수 있다.

빛과 질서와 의미를 부여하시는 하나님의 사역을 말하고 있는 창세기 1장은, 지금 척박하고 강팍한 이 세상에서 우리가 당하는 슬픔을 감당할 수 있는 위로를 준다. 그리고 다시 일어날 수 있는 힘과 함께 내일 새로운 날이 기다리고 있을 것이라는 희망을 준다.

우리는 이 세상을 살아가면서 말로는 다 표현할 수 없는 고통과 아픔과 상처를 경험하게 된다. 정말이지 내일의 희망은 고사하고 오늘 일어나 살아갈 힘조차 전혀 없는, 그저 숨 쉬고 있는 몸뚱이만 지탱하고 있는, 완전히 저 밑바닥으로 나동그라진 자신의 모습을 발견하게 되는 순간도 있다. 너무도 두렵고 떨리고 앞이 깜깜하여 도저히 뭐가 뭔지 분간이 안 되는 칠흑 같은 어두움과 혼돈 속에서 헤맬 때가 있다는 말이다.

그럴 때마다 우리는 아픈 가슴을 부여잡고 한스런 인생을 원망하거나, 자기의 힘으로는 도저히 어찌할 수 없는 현실 앞에서 스스로 목숨을 끊거나 하는 시도를 하게 된다. 그도 아니면 남을 학대하거나 폭력으로 자신의 분노와 슬픔을 가장하여 남편, 아내, 자녀, 혹은 이웃이나 친구들을, 더 나아가 전혀 모르는 낯선 사람에게 또 다른 상처를 입히려 한다.

혼돈과 공허와 흑암은 그렇게 우리를 힘들게 하고, 자존감을 상실하게 만들며, 이성을 잃게 하고, 자신감을 몰아내며, 건강한 생각과 판단을 하지 못하게 방해하는 무서운 힘을 가지고 있다. 크리스천이라고 해서 크게 다를 바 없다. 하나님을 믿는 사람들도 인생을 살아가는 과정에서 혼돈과 공허와 흑암을 경험할 수밖에 없을 것이다. 그 누가 그러한 경험을 하지 않고 인생의 길을 걸어가고 있다고 자신 있게 말할 수 있을까? 분명히 아무도 없을 것이다.

하나님, 희망과 치유와 생명의 근원

"땅이 혼돈하고 공허하며 흑암이 깊음 위에 있고 하나님의 영은 수면 위에 운행하시니라"(창 1:2).

깊은 혼돈과 공허와 흑암 속에서 무엇이 보이는가? 바로 하나님의 영이 운행하고 계신다. 도저히 그 어떤 생명이나 빛이나 숨쉬는 것들이라곤 찾아보기 어려운 그곳에 '생명의 근원' 이신 하나님은 '스스로' 존재하신다. 우리가 믿는 하나님은 오금이 저릴 정도의 무서움과 두려움과 외로움을 의식하지 않으시는 만물의 창조주이시다. 사람의 지식이나 상상력으로는 그려낼 수 없을 정도로 사방이 깜깜하고 뿌연 안개 같은 연기만 피어오르는 삭막한 적막만이 감도는 공간 속에서도 하나님은 존재하셨다.

그 하나님이 지금도 여전히 이 우주 속에서 존재하신다. 우리가 이 사실을 분명히 확신하며 믿음의 여정을 나아간다면, 우리의 삶과 소망이 어둠의 깊은 골짜기에 파묻히지는 않을 것이다.

우리의 상처와 아픔을 치유하고 깨어진 관계들을 회복하기 위해서는 다양한 정신심리치료기법과 상담이론들이 필요할 것이다. 세상적인 방법이 아무런 도움이 되지 못한다고 말할 수 없다는 얘기다. 다만 세상이 고치지 못하고, 만져 주지 못하는 우리 마음속 비통함의 근원적 치유는 바로 하나님 앞으로 나아갈 때에만 가능하다.

지금 어떤 상처와 아픔과 실패와 좌절을 경험하고 있는가? 아무런 희망이나 해결책을 찾지 못한 나머지 죽음의 문턱에까지 이르러 있지는 않은가? 어둠과 공허와 흑암 속에서 그 누구에게도 말 못할 공포로 몸과 마음이 떨고 있지는 않은가? 이 세상의 그 어떤 두려움의 세력도 어찌하지 못하는 하나님이 우리에게 능히 이길 수 있는 위로와 새 힘을 공급해 주심을 믿자. 우리의 믿음은 바로 여기서부터 시작되는 것이다.

> "이것을 너희에게 이르는 것은 너희로 내 안에서 평안을 누리게 하려 함이라 세상에서는 너희가 환난을 당하나 담대하라 내가 세상을 이기었노라"(요 16:33).

힐링의 사색을 위한 키워드

하나님의 무한성. 인간의 유한성. 고난과 고통.
나는 스스로 있는 자. 하나님의 침묵. 치유와 희망.
믿음의 담대함과 끈질김. 혼돈과 공허. 어두움. 생명의 빛.
삶의 밑바닥. 근원적 치유. 하나님의 창조사역.

| 02 | 창 1:3-31

하나님이 보시기에 좋았던 세상

말씀 읽기

"하나님이 이르시되 빛이 있으라 하시니 빛이 있었고 빛이 하나님이 보시기에 좋았더라 하나님이 빛과 어둠을 나누사 하나님이 빛을 낮이라 부르시고 어둠을 밤이라 부르시니라 저녁이 되고 아침이 되니 이는 첫째 날이니라……하나님이 지으신 그 모든 것을 보시니 보시기에 심히 좋았더라 저녁이 되고 아침이 되니 이는 여섯째 날이니라"(창 1:3-5, 31).

묵상하기

하나님이 이 세상 모든 만물을 창조하셨을 때, 하나님이 보시기에도 너무나 아름답고 좋았다. 하나님은 이 세상을 아름답고, 질서 있고, 규모 있게 만드셨다. 이를 위해서 하나님은 가장 먼저 빛을 만드셨다. "하나님이 이르시되 빛이 있으라 하시니 빛이 있었고 빛이 하나님이 보시기에 좋았더라"(3-4절). 하나님께서는 빛을 만드셔서 혼돈과 공허와 흑암이 깊은 상태에 있었던 이 땅을 환히 밝히셨다. 하나님께서 모든 창조물 가운데 제일 먼저 빛을 만드신 것은 하나님의 속성을 그 무엇보다도 가장 잘 나타내 주고 있다.

어둠과 공포, 빛과 생명

어둠과 공포는 흔히 사망을 비유한다. 그에 반해서 빛은 생명을 상징한다. 시편 기자는 "사망의 음침한 골짜기"(시 23:4)라고 말했으며, 사도 요한은 예수님을 가리켜 "참 빛 곧 세상에 와서 각 사람에게 비추는 빛"(요 1:9)이라고 표현하고 있다. 그리고 예수님께서는 사람들에게 "너희는 세상의 빛이라 산 위에 있는 동네가 숨겨지지 못할 것"(마 5:14)이라고 말씀하셨다.

목회 현장을 돌아보거나 상담을 하고 학교에서 강의를 하다 보면, 참으로 많은 사람들이 음침하고 어두운 인생의 나락에서 힘들어하고 안타까워하며 눈물로 하루하루를 살아가고 있는 것을 보게 된다. 마치 죽을 것만 같은 사망의 골짜기에서 아무런 소망도 가지지 못한 채, 혹은 회복의 희망마저 의심하며 하루하루 살아가고 있는 사람들이 얼마나 많은지 모른다. 그럴 때마다 우리를 살리시는 바로 그 '빛'을 그들의 삶의 가장 구체적인 현장에서 붙들기를 나는 간절히 기도하였다.

다양한 상담기법이나 심리치료 방법들을 사용해서 내담자들에게 다가가지만, 모든 치유와 회복의 근원은 그 어떤 어둠의 세력도 무너뜨릴 수 없는 빛 되신 하나님으로부터 나옴을 믿는다. 삶을 포기하고 싶거나 저 깊은 공허와 흑암의 웅덩이에서 허우적대면서 더 이상 깊이 빠져들지 않기 위해 마지막 남은 삶의 끝자락을 붙잡고 안간힘을 쓸 때, 우리에게 가장 필요한 것은 바로 빛 되신 하나님께서 그 순간에도 우리와 함께하신다는 믿음이다.

그 빛은 곧 생명이다. 아무것도 존재하지 않았던, 공허만이 휘감고 있었던 이 세상의 공간을 생명으로 채워 놓으신 것이다. 하나님이 만드신 것들은 모두 숨을 쉬는 존재이다. 더 나아가 하나님은 그들에게 숨을 허락하셨을 뿐 아니라, 피조물들과 대화하시며 생명의 관계를 이어 가신다. 반면에 어둠이 이 세상을 지배해 간다는 것은 다름 아닌 죽음이 다스리는 세상으로 변해 감을 의미한다. 나 자신에게, 부모형제에게, 이웃에게, 자연 위에 그늘이 드리운다는 것은 곧 그들이 생명을 부여하는 관계를 잃어버리고 있음을 나타내는 것과 같다. 어두워져 가는 인간의 마음과 영, 사회와 문화 그리고 자연 속에 생명의 빛을 회복하는 일에 우리는 참여해야 한다.

빛뿐만이 아니라, 하나님이 보시기에 좋았던 바로 그 세상에는 또한 질서가 있었다. 하나님께서는 그저 되는 대로, 마음 내키는 대로 이것저것 뒤죽박죽 만드시지 않았다. 하나님께서는 전지전능하신 분인데 이 세상을 창조하는 데 엿새나 걸렸다는 게 이상하지 않은가? 그저 말씀 한마디로 "모든 것들아 다 제자리로!" 하시면 되지 않았을까? 그러나 하나님께서는 하나하나 질서 있게 만드셨다. 빛과 어두움, 하늘, 땅과 채소와 나무, 크고 작은 광명체, 새와 바다 생물들, 땅의 생물들과 사람 등을 차례차례 창조하셨다. 이 모든 창조 사역을 다 마치신 후, 하나님께서는 그것들을 바라보시며 어찌나 좋으신지 '심히' 좋았다고 하셨다.

인간의 탐욕, 상실과 비통

지금 우리가 살고 있는 이 세상은 앞서 말한 하나님의 창조 질서가 무너지는 모습으로 변해 가고 있다. 무엇보다 안타까운 것은 하나님께서 부여하신 각 창조물들이 각각의 역할을 상실해 가고 있다는 것이다. 해와 달과 별들 그리고 많은 동식물들이 순리대로 움직이지 않고, 또한 세계 여러 나라가 여러 가지 이상 기후 현상으로 몸살을 앓고 있는 것을 우리는 지금 똑똑히 보고 있지 않은가? 봄, 여름, 가을, 겨울 등 뚜렷했던 네 계절이 사라지고 있다. 사람들이 만든 기계 문명으로 인해 오염된 자연 환경 속에서 허리케인과 폭풍우와 잦은 지진들이 일어나 많은 피해와 상처들을 낳고 있다. 이 땅과 바다 위에서 충만해야 할 많은 동식물들이 멸종 위기에 처해 있다.

사람들에게도 무질서의 위기가 찾아오고 있다. 하나님께서는 남자와 여자를 창조하시고 그들에게 복을 주셔서 이 땅 위에서 생육하고 번성하여 땅에 충만하라고 말씀하셨다. 그러나 인간은 하나님의 창조 질서를 이 땅에 실현시키기보다 인간의 탐욕을 채우기 위한 역사를 써 내려가고 있다. 그 결과 수많은 사람들이 전쟁과 기근과 살인과 착취로 인해 죽어 가고 있으며, 고통과 절망에 절규하며 울부짖고 있다.

이러한 무질서의 팽창을 가져온 요인 중 하나는 인간이 중요한 한 가지 사실, 즉 과거부터 누려 왔고 지금도 누리고 있으며 또 앞으로도 누릴 모든 자연 만물들이 다 하나님께서 주신 것이라는 사실을 잊었기 때문이다.

본문에 나오는 창조 이야기를 살펴보면, 하나님께서 사람을 비롯한 짐승들에게 먹을 것을 주셨다는 사실을 잘 알 수 있다. 인간이 현재 누리고 있는 모든 것들을 자신이 만들었으며, 자신만을 위하여 존재하는 것으로 인식하는 한, 위에서 언급한 무질서로 인한 인간의 고통은 그치지 않을 것이다. 왜냐하면 창조와 질서의 하나님을 망각한 인간의 마음속에는 탐욕과 어두움으로 인한 깊은 공허와 절망감이 떠나지 않을 것이기 때문이다.

하나님을 떠남, 파괴된 세상

조화와 질서의 세상이 조금씩 파괴되어 가고 있는 또 다른 이유는, 우리가 우리에게 무엇이 필요한지를 아시는 하나님으로부터 멀어지고 있기 때문이다. 하나님의 창조 모습을 보면, 하나님은 이 세상에 무엇이 필요한지를 아주 정확하게 알고 계셨다. 그 어떤 것도 무심히 지나치지 않으시고, 매우 세밀하게 이 세상을 디자인하신 것이다. 창세기 1장의 창조 이야기는 바로 이것을 우리에게 시사해 주고 있다.

우리의 필요를 채우시는 창조주 하나님, 하나님을 떠난 인간의 끝없는 욕심과 정복욕은 결국 조화와 질서의 세계를 파괴하고 말았다.

하나님께서 보시기에 심히 좋았다고 말씀하신 이 세상이 갈수록 어둠과 공허함과 흑암 속으로 들어가는 것만 같다. 상처받고 있는 개인의 몸과 마음과 영혼을 만날 때마다, 그러한 고통과 절망을 낳는 이 세상의 가족과 사회와 문화 체계의 역기능적인 현상들 속에서, 과연 이 시대의 진정한 희망은 어디에서 찾아야 하는가라는 질문을 던지게 된다. 이 질문을 마음에 담고 창조의 말씀을 묵상하는 가운데 빛과 생명과 질서만이 우리가 경험하고 있는 마음과 영의 어두움과 두려움 그리고 공포와 질식할 것만 같은 공허로부터 우리를 자유롭게 할 수 있다는 믿음을 다시 한 번 확인하게 된다.

오늘 우리는 이리저리 사람들에게 치이고, 상처를 주고받으며, 마음의 분노와 슬픔, 모멸감과 수치, 보복과 응징, 파괴와 부서짐을 자주 경험하며 살아가기를 강요당하고 있지는 않은가? 그로 인해 사방이 꽉 막힌 듯한 일상 속에서 절망하며 생명력을 잃어버리고 있지는 않은가?

창조 이야기를 자신과 동떨어진 신화나 설화 같은 것으로 읽지 말라. 우리는 그것을 천지와 만물을 지으신 하나님을 기억하고 신뢰하며, 허물어진 우리 마음의 성벽을 다시 쌓아 가도록 격려해 주는, 살아 움직이는 실천적 이야기로 마주 대할 수 있어야 한다. 바로 그때 성서의 이야기가 저자의 이야기로만 그치는 것이 아니라,

바로 나의 이야기로 되살아나 치유와 희망의 노래가 되어 내 삶을 하늘 높이 비상하게 만들 것이다.

힐링의 사색을 위한 키워드

어둠과 공포. 사망의 음침한 골짜기. 공허와 흑암의 웅덩이. 창조.
빛 되신 하나님. 어둠이 지배하는 세계. 생명 관계. 빛과 질서.
창조 질서 무너짐. 역할 상실. 이상 현상.
생태계와 인간의 무질서와 위기. 무질서의 팽창과 인간의 고통.
탐욕과 어두움. 하나님으로부터 떠남.
인간의 교만. 가족/사회/문화 체계의 역기능.
실천적 창조 이야기. 치유와 희망의 장단.

| 03 | 창 2:4-17

에덴 동산, 생명과 선악을 아는 나무

말씀 읽기

"여호와 하나님이 그 땅에서 보기에 아름답고 먹기에 좋은 나무가 나게 하시니 동산 가운데에는 생명나무와 선악을 알게 하는 나무도 있더라……여호와 하나님이 그 사람을 이끌어 에덴 동산에 두어 그것을 경작하며 지키게 하시고 여호와 하나님이 그 사람에게 명하여 이르시되 동산 각종 나무의 열매는 네가 임의로 먹되 선악을 알게 하는 나무의 열매는 먹지 말라 네가 먹는 날에는 반드시 죽으리라 하시니라"(창 2:9, 15-17).

묵상하기

천지창조를 다 마치신 후 여호와 하나님은 동방의 에덴에 동산을 만드셔서 아담을 두시고, 그곳에서 경작하며 지키도록 하셨다. 에덴은 기쁨과 풍요로움의 땅이었다. 보기에 아름답고 먹기에도 좋은 열매를 가진 각종 나무들이 넘쳐나는 곳이었다. 그뿐만이 아니라 에덴에서 흘러나오는 강을 중심으로 네 개의 근원이 이루어지기도 하였다. 이런 의미에서 에덴은 바로 생명이 충만한 곳이었다.

생명이 충만한 곳, 유혹과 공존

그렇듯 생명이 잉태되며 충만히 거하는 곳에 하나님은 두 개의 나무를 있게 하셨다. 바로 생명나무와 선악을 아는 나무였다. 이 두 나무의 열매는 그 누구도 먹을 수 없었다. 심지어 아담에게조차도 먹는 것이 허락되지 않았다. 그렇기에 에덴은 아담에게 있어서 축복과 생명의 땅이면서 동시에 선택의 땅이었다. 다른 모든 나무의 열매는 먹을 수 있지만, 특별히 선악을 알게 하는 나무의 열매는 먹지 말라고 하나님이 직접 말씀하셨다. 먹는 날에는 반드시 죽을 것이라고 경고하신 것이다.

영원한 생명의 축복, 그 생명이 보장되는 곳인 동시에 계속되는 유혹이 공존하는 곳에서 아담은 살고 있었다. 이 말씀을 묵상하면서 지금 우리가 사는 이 세상을 바라보게 된다. 너무도 아름다운 자연과 풍요로움과 축제가 신명나게 벌어지는 축복의 땅인 반면에 한편으론 황폐함과 굶주림과 질병에 죽어 가고 있는 땅들이 너무도 많다. 어쩌면 그 풍요로운 땅조차도 우리 인간들의 끝없는 욕심과 높아지고자 하는 욕망, 남보다 더 많은 것을 갖고자 하는 탐욕으로 인해 더 이상 축복과 생명의 결실이 있는 땅이 아니요, 사망의 권세가 주도권을 쥐고 있는 그런 세상으로 변해 가고 있는지도 모르겠다.

하나님께서 선악을 알게 하는 나무의 열매를 먹거나 먹지 않을 선택권을 아담에게 주셨듯이, 오늘도 하나님께서는 이 땅을 우리 인간들에게 맡겨 주셨다. 이 땅을 파멸로 이끌 것인지, 아니면 창조의 아름다움을 회복할 것인지는 바로 우리 인간에게 달려 있다고 할 수 있다. 하나님께서는 그저 지켜만 보고 계신 듯하다.

오늘날 이 땅의 파괴와 황무함을 지켜보면서 하나님께서 과연 존재하시는가 하는 질문보다 오히려 하나님의 침묵이 더 무섭다는 생각이 드는 것은 무슨 이유일까? 하나님의 침묵 속에서 우리 인간들은 자신과 가족, 이웃과 문화와 사회, 더 나아가 생태계에 대해서 보다 깊은 책임감을 가져야 함을 본문은 일깨워 주고 있다. 우리가 살고 있는 이 시대의 환경을 에덴 동산과 비교한다면, 하나님께서 이 시대의 아담인 우리에게 맡기신 일은 무엇이고, 또 어떤 일들을 금지하신 것일까?

생명과 선악의 하나님, 인간의 도전

아름다운 땅 에덴에서 아담 앞에 놓여 있는 두 나무는 창조주 하나님과 창조주 하나님의 피조물인 아담의 정체성을 분명하게 상징하는 도구로 사용되고 있다. 생명과 선악을 아는 것은 하나님만이 가지고 있는 절대적인 특성을 상징한다. 이러한 하나님만의 영역을 인간이 추구하기 시작하였다. 어쩌면 인간의 역사란 신에 대한 끝없는 도전과 항거로 요약할 수 있을 것이다.

동서양을 막론하고 모든 인간들은 영원히 살고 싶은 욕망의 끈을 놓지 못하고 있다. 불로장생을 위해서라면 그 어떤 귀한 보화도, 심지어 목숨을 담보로 한 머나먼 길도 마다하지 않는다. 영원한 삶을 향한 인간의 끝없는 욕망과 도전은 고대나 중세나 현대나 할 것 없이 시간과 공간을 초월하고 있다. 영원히 늙지 않고 젊음을 유지하며, 생명의 비밀을 캐내어 하루라도 더 오래 살고 싶은 인간의 오래된 염원을 이루고자 하는 현대 정신의학계나 임상의학계의 실험은 오늘도 계속되고 있다. 영원불멸하는 생명에 대한 처절한 인간의 노력은 마침내 인간이나 동물 염색체의 복제에까지 이르고 있다.

이와 함께 선악을 구분하려는 인간의 노력 또한 생명의 비밀에 대한 탐험과 비교해서 절대 뒤지지 않는다. 고대의 철학과 인문학은 인간 존재의 근원과, 삶의 기원과, 목적과, 방향과, 의미에 대해서 진지한 성찰을 거듭해 왔다. 삶과 죽음, 선과 악 그리고 죄, 자기와 타인의 관계, 행복과 불행, 인간 존재의 의미와 가치 등에 대해 쉼 없는 대화와 연구와 고민과 성찰을 하고 있는 것이다.

"인간 존재의 근원과 의미는 무엇인가?" "인간에게 있어서 행복은 무엇인가?" "죽음 너머에는 무엇이 있는가?" "인간은 어디를 향해서 가고 있는 것일까?" "인간의 자기(自起)는 어떻게 이루어지며 발달해 가는가?" "인간은 타인과 어떻게 관계를 형성해 가는가?" "환경과 더불어 평화롭게 함께 살아갈 방법은 무엇인가?" 이러한 철학적이고 인문학적인 질문들이 인간을 좀 더 인간답게 만드는 데 큰 공헌을 한다는 것은 의심의 여지가 없다.

그러나 불행히도 영원한 생명에 대한 갈망과 선악을 구분하고자 하는 인간의 노력이 인간으로 하여금 하나님을 대적하도록 만드는 유혹이 된다. 인간이 보다 더 인간에게 관심과 방향을 집중할 때, 그 결과는 결국 창조주 하나님으로부터의 탈출이다. 시대를 거듭할수록 더 멀어져만 가는 인간과 하나님의 거리는 친밀감을 상실한 채, 메우기 힘든 공백을 더 깊이 더 멀리 만들어 가고 있는 것이다. 인간이 자신의 유한한 생명과 앎의 한계를 인식하지 못하는 순간, 에덴의 충만한 생명력을 상실할 수 있는 경고음이 울리게 된다.

치유, 인간의 유한성을 인정할 때 시작된다

인간이 당하고 있는 고난과 고통을 인간의 유한성 안에서 이해하기 시작할 때 희망과 치유가 시작된다. 이 세상을 영원히 살고자 하는 심리적이고 영적인 착각과 환상에 집착할 때, 우리는 유한한 존재로서 겪을 수밖에 없는 공허와 좌절과 절망을 능히 감당해 낼 수 없게 된다. 왜냐하면 인간에게 영원히 마르지 않는 생명을 주시는 분은 바로 창조주 하나님뿐이시기 때문이다.

우리가 영원불변한 이 사실을 인정하고 받아들인다면, 우리는 각자가 할 수 있는 최선을 다하는 행함 속에서 마음의 평화와 기쁨을 주시는 하나님을 만나게 된다. 에덴 동산이 우리에게 주고자 하는 메시지는 아마도 하나님의 초월적이고 절대적인 존재감과 유한한 인간들의 관계가 아닐까?

하나님을 망각하거나 상실한 채 21세기를 질주하고 있는 우리의 삶을 억압과 폭력, 죽음과 공포가 지배하고 있다는 것은 그리 이상한 일이 아닐 것이다. 인간 마음의 한편에서는 하나님처럼 되고자 하는 달콤한 욕망이, 다른 한편에서는 신 없는 세상을 살아가고자 하는 인간 중심의 문명과 문화가 결국 타락과 죽음이라는 열매를 맺기 시작하고 있다. 인간의 역사에서 지금처럼 인간의 수명이 길어진 적이 있었던가? 많은 질병의 원인들이 속속들이 밝혀지는 시대가 있었던가? 그럼에도 불구하고 자기 상실, 전쟁, 빈부의 차이, 가족의 분열, 살인, 불의와 파괴가 지금처럼 용인되었던 때도 없었던 것 같다.

마르지 않는 진정한 생명의 공급원은 바로 창조주 하나님으로부터 나온다. 선과 악을 아는 지식과 지혜의 충만함은 하나님을 아는 지식에서 나온다. 광야와 같은 험한 인생길을 지나면서 우리는 당장 죽을 것만 같은 절박함 속에서 모순된 세상을 도무지 알 수 없어 목마른 지혜의 갈급함으로 허기질 때를 만나게 된다. 그런 순간마다 생명의 충만함의 근원이자 무엇이 선이고 악인지를 아시는 하나님만을 신뢰하며 오늘의 어려움을 인내하며 헤쳐 나가야 한다. 현실이 주는 괴로움과 수치와 소외와 절망과 죽음의 유혹 속에서도 보란 듯이 질긴 생명력을 가지고 일어설 수 있는 힘은 바로 생명과 진리의 근원이 되시는 하나님께서 우리와 함께하심을 끈질기게 붙드는 믿음이다.

실패와 아픔 속에서도 하나님을 신뢰하며 그분께 우리의 마음의 시선을 향하는 것이다. 영원한 생명과 선과 악을 아는 지혜를 구하기 전에, 먼저 하나님을 아는 지식을 갈망하며 열심을 낸다면, 이 세상을 어떻게 살아가야 하는지 분별할 수 있는 지혜를 하나님께서 주실 것이다. 또한 하나님이 주시는 지혜를 우리 마음과 삶 속에 담으며 살아갈 때 영원한 생명을 소유하는 기쁨, 마르지 않는 내일을 향한 소망이 차고도 넘칠 것이다.

힐링의 사색을 위한 키워드

에덴동산. 기쁨과 풍요로움. 생명 충만. 선악과나무.

인간의 탐욕. 사망의 권세. 이 땅의 황폐함.

끝없는 욕심과 욕망. 굶주림과 질병. 선악과 지혜에 대한 탐구.

하나님으로부터의 탈출. 인간 생명과 앎의 한계.

하나님을 대적하고자 함. 인간 중심의 문화와 문명.

치유와 인간의 유한성. 하나님을 아는 지식의 갈망.

| 04 | 창 2:18-25

부부, 깨어져버린 관계

말씀 읽기

"여호와 하나님이 아담에게서 취하신 그 갈빗대로 여자를 만드시고 그를 아담에게로 이끌어 오시니 아담이 이르되 이는 내 뼈 중의 뼈요 살 중의 살이라 이것을 남자에게서 취하였은즉 여자라 부르리라 하니라 이러므로 남자가 부모를 떠나 그의 아내와 합하여 둘이 한 몸을 이룰지로다 아담과 그의 아내 두 사람이 벌거벗었으나 부끄러워하지 아니하니라"(창 2:22-25).

묵상하기

흔히 우리는 문제를 가지고 있지 않은 가정은 한 가정도 없을 거라고 이야기하곤 한다. 거의 모든 가정이 문제를 가지고 있다고 가정했을 때, 그 문제는 의심할 바 없이 남편과 아내, 즉 부부간의 문제라고 말해도 과히 틀린 말은 아닐 성싶다. 물론 자녀 문제로 인해

골치를 썩는 경우도 빈번하게 발생하지만, 부모와 자녀 사이의 문제와 상처도 부부관계의 문제에서 파생되는 경우가 매우 많기 때문이다.

상담을 하거나 교실에서 학생들이 낸 사연을 읽다 보면, 그들의 이야기 속에서 가정에서의 어려움, 특히 부부나 부모와의 갈등과 다툼으로 인한 마음의 상처들을 만나게 된다. 직접적으로 이혼을 언급하지 않아도 그들의 마음속에는 이미 '서로 갈라섬' 을 마지막 해결책으로 삼고 있다는 것을 그리 어렵지 않게 발견하게 된다. 그럼에도 불구하고 속시원하게 결단을 내리지 못하고 있는 것은, 주로 자녀 문제와 더불어 이혼 후 살아가야 할 새로운 삶의 환경과 경제적인 어려움 때문일 것이다.

부부, 성서적 의미

본문 말씀은 사람이 함께 살아가는 것의 중요성과 그 의미에 대해서 이야기해 주고 있다. 특히 부부관계의 성서적인 의미를 보여주고 있다. 이러한 성서적인 시각은 어려움을 겪고 있는 많은 부부들이 서로를 이해하는 데 도움을 준다.

먼저 18절을 보면 하나님께서 "사람이 혼자 사는 것이 좋지 않다"고 말씀하시는 장면이 나온다. 하나님께서 아담을 지으신 후 그를 보시니, 혼자 사는 모습이 보기에 좋지 않았다는 것이다. 스스로 존재하시는 하나님께서는 인간을 비롯한 피조물들을 지으시면서 단지 창조의 '대상' 만을 지으신 것이 아니라, 창조라는 작업을 통하여 '관계' 를 만드신 것이다. 즉 하나님과 그의 피조물들의 관계의 문을 여신 것이다.

별과 달을 만드시면서, 땅과 하늘을 지으시면서, 나무와 꽃과 동물들을 지으시면서, 그리고 땅에 있는 흙으로 사람을 창조하시면서 하나님께서는 그의 창조물들과 대화를 시작하셨다. '관계' 를 시작하신 하나님께서 아담을 보시면서 아담 역시 그 무엇과의 친밀한 관계가 필요하다는 것을 인식하셨다는 것은 하나님께서 인간에게 주신 최고의 선물이 아닐 수 없다. 그 어떤 피조물들과 달리, 하나님께서는 암수 한 쌍을 만들기 위하여 아담에게 여자를 허락하신 것이 아니라, '친밀한' 관계를 이루는 데 필요한 대상으로 여자를 만드신 것임을 주목할 필요가 있다.

바로 이것이 다른 피조물들과 전혀 다른 하나님의 인간 창조의 섭리이다. 인간은 단지 후손을 잇기 위해서 교접하는 생물학적인 존재가 아니라, 혼자 사는 것보다는 함께 있는 관계적인 존재로서 만들어졌다. 또한 남녀는 함께 있는 존재로서만이 아니라, 서로 돕는 관계로 창조되었다. 물론 하나님은 "내가 그를 위하여 돕는 배필을 지으리라"고 말씀하셨다. 그러나 우리는 이것을 오직 남자인 아담을 위하여 여자가 존재하는 것으로 이해해서는 안 된다. 하나님의 창조 법칙에서는 하나님만이 창조주로서 질서의 권위를 가지시기에, 모든 피조물들은 서로 복종하기보다 조화를 이루며 살아가도록 지으심을 받았기 때문이다. 아담과 여자 역시 서로 도우며 함께 사는 존재로 부르심을 받았다.

깨어져 버린 부부간의 친밀감

21세기를 살고 있는 지금, 우리 사회와 문화 속에서 볼 수 있는 것은 창조의 사역 속에 나타나는 이런 '친밀한' 관계성이 산산조각 난 채 헤매고 있는 듯한 현상이다. 부부 사이의 돕는 자로서의 친밀감은 더 이상 큰 의미와 가치를 지니고 있지 못하다. 남녀 사이에서도 오직 상대방이 무엇을 가졌는가의 잣대로 등급을 매기며, 그 등급에 맞게 짝을 짓고 있다면 너무 심한 억측일까? 상대방이 어떤 매력적인 육체를 지니고 있는가? 얼마나 많은 부와 명예를 가지고 있는가? 얼마나 나의 필요를 충족시켜 줄 수 있는가? 이런 것들이 서로 관계를 맺는 데 중요한 척도가 되고 있다는 말이다.

요즘 부부들을 보면, 부부간에도 서로 혼자 있는 것이 더 편하다고 말하는 사람들이 늘고 있다. 가까이 있지만 가까이 할 수 없는, 전혀 모르는 남남보다도 더 먼 감정적, 심리적, 육체적 거리를 유지한 채 살아가는 부부들이 참 많은 세상이다. 같이 살을 맞대며 둘이 한 몸을 이루며 살아가지만, 더 이상 서로 돕는 관계가 아닌, 서로 알려고 하지 않으며 분노와 절망과 상처를 안겨 주는 그런 건강하지 못한 관계들이 생각보다 너무 많음을 상담 현장에서 느끼게 된다.

이런 부부의 가정이라면, 거기서 자라나는 자녀들의 모습은 보지 않아도 쉽게 상상이 간다. 이런 맥락에서 볼 때 부모와의 만남과 대화보다 게임기와 컴퓨터, 스마트폰이나 아이팟 등 기계와의 관계에 더 친밀감을 느끼는 아이들이 점점 더 많아지고 있다는 사실은 그리 이상한 일이 아니다.

> "이러므로 남자가 부모를 떠나 그의 아내와 합하여 둘이 한 몸을 이룰지어다"(창 2:24).

친밀감이 깨어져 버린 부부관계는 각기 이것은 자신의 부모들을 떠나지 못해서 발생하는 경우가 꽤 많다. 이것은 단지 남자의 경우뿐만 아니라, 여자의 경우 자신의 친가로부터 심리적, 정신적으로 분리되지 못해서 일어난다. 결혼을 해서 자신의 가정을 이루었지만, 여전히 자신의 친가에 배우자가 편입되기를 바라는 한 온전한 부부관계를 형성하기가 불가능한 것이다.

부부관계의 회복, 부모와 자식 간의 관계 재설정

본문에서 말씀하는 '남자가 부모를 떠나는 것'은 물론 부모를 무시하거나 관계의 단절을 의미하는 것이 아니다. 다만 남자와 여자가 합하여 둘이 한 몸을 이룬다는 것은, 의존하고 있었던 각자의 부모로부터 독립해서 자신의 가정을 이루어 친밀한 관계를 형성하는 것임을 말씀하고 있다. 즉 여기서의 관계의 초점은 부모와 자식 간의 관계가 아니라, 부부관계에 맞추어져 있다는 것이다.

그런데 부모를 떠나지 못하는 자식이 있는가 하면, 자식을 떠나보내지 못하는 부모가 있다. 여기에는 일종의 건강하지 못한 배신감과 집착이 숨어 있는 것 같다. 자식의 경우 부모로부터 독립해서 배우자와 한 가족을 이루어 자신의 가정에 충실한 것을 부모에 대한 배신하는 것으로 여기는 사람도 있다.

남편과의 관계로 어려움을 겪고 있는 몇몇 아내들을 상담한 적이 있다. 그들은 하나같이 아직도 어린아이 같고, 과도하게 시어머니에게 의존하는 남편에 대한 불만을 털어놓았다. 의존성이 강한 남편과 시어머니와의 친밀한 관계로 인해서 야기되는 소원한 부부 사이를 하소연하는 것이다. 반대로 아내의 지나친 친정식구들과의 관계로 어려움을 토로하는 남편들도 많다.

어떤 경우든지 자기 부모나 자식과 건강한 거리감을 두지 못하는 것은 전문적인 용어로 애착과 분리를 오해하고 있기 때문이다. 즉 애착을 분리 없는 상태로 알고 있는 것이다. 부모 자식 간의 애착은 적당한 분리를 인정하는 가운데 건강하게 표현되어야 한다. 조금의 분리도 허용하지 않는 것은 애착이 아니다. 그것은 오히려 상대방을 구속하는 것이며 집착하는 것이다. 사랑의 왜곡된 형태라고 할 수 있다.

부모의 자식과의 왜곡된 관계성도 같은 맥락에서 살펴볼 수 있다. 즉 앞에서도 말했듯이, 자식을 떠나보내지 못하는 부모가 꽤 많이 있다. 성인이 된 자식을 놓지 못하는 집착으로 인해 자식들의 결혼생활이 망가지고 상처받을 수 있다는 사실을 너무도 쉽게 지나쳐 버린다. 이렇듯 부부 사이의 관계 회복을 위해서는 부모나 자식 간의 관계를 잘 살피는 것이 무엇보다 중요하다. 정작 두 사람 사이에는 별 문제나 마찰이 없는데, 그 둘 사이에 부모나 자식이

개입하여 어려움을 주는 사례가 종종 있는 것이다.

부부의 건강한 관계성 회복은 상처를 주고받으며 분노 가운데 가족을 죽이는 일까지 버젓이 일어나고 있는 지금 이 시대에 반드시 이루어야 할 과제이다. 우리의 가족이 이것을 회복하지 못할 때 우리 사회, 심지어 교회조차도 깨어지고 부서진 파편화된 관계들의 집합소가 되지 않을까 우려된다.

부부의 친밀한 관계성의 목적은 바로 서로를 돕는 데 있음을 기억하고 실천할 필요가 있다. 타인의 일방적인 희생이나 위장된 사랑이 기초가 된 친밀성은 거짓 친밀감이다. 하나님이 아담과 여자를 만드셨을 때 마음에 두셨던 아름다운 남녀, 부부간의 관계 회복을 위해서는 먼저 우리 크리스천들의 뼈를 깎는 고통과 자기 낮아짐이 있어야만 한다. 이를 반드시 실천하여 건강한 가정을 세워 가기를 소망한다.

힐링의 사색을 위한 키워드

부부/부모 갈등과 다툼. 관계적 존재로서의 부부. 상보적 관계.
산산조각난 부부관계. 분노/좌절/상처. 기계와의 친밀감.
부모로부터의 독립. 자식과의 건강한 애착관계 형성.
왜곡된 부모 자식 간의 관계. 건강한 분리의 경험.

| 05 | 창 3:1-7

간교한 뱀, 눈이 밝아진 아담과 여자

말씀 읽기

"뱀이 여자에게 이르되 너희가 결코 죽지 아니하리라 너희가 그것을 먹는 날에는 너희 눈이 밝아져 하나님과 같이 되어 선악을 알 줄 하나님이 아심이니라 여자가 그 나무를 본즉 먹음직도 하고 보암직도 하고 지혜롭게 할 만큼 탐스럽기도 한 나무인지라 여자가 그 열매를 따 먹고 자기와 함께 있는 남편에게도 주매 그도 먹은지라 이에 그들의 눈이 밝아져 자기들이 벗은 줄을 알고 무화과나무 잎을 엮어 치마로 삼았더라"(창 3:4-7).

묵상하기

본문 말씀은 간교한 뱀으로부터 시작한다. 하나님께서 가장 싫어하시는 속성 중 하나는 바로 간교함이다. 정직하지 못하고 사악한 자 그리고 남을 이간하는 행위를 하나님께서는 죄 없다 하지 않으신다. 뱀같이 간교하고, 정직하지 못하고, 교활한 당시의 종교지도자들을 향해서 예수님은 '독사의 자식들' 이라고 하셨다.

그 간교함으로 인해 얼마나 많은 사람들이 상처받고 아파하며 실패와 절망 속에서 몸을 떨고 있는지 모른다. 남편과 아내, 형제와 자매, 부모와 자식, 시부모와 며느리, 친구와 친구, 목사와 성도, 선생과 제자 등의 모든 관계가 간교하고 사악한 이들로 인해서 깨어지고 있는 것이다. 자기의 유익을 위하여, 혹은 자신의 적이 되는 타인을 망가뜨리기 위하여 아무런 죄의식도 없이 교활한 술수와 위선과 허위를 일삼는 사례가 너무나 많음을 보게 된다.

어떤 사람들은 의식적으로 교활한 술수와 계략으로 남을 위험한 처지에 빠뜨리지만, 어떤 사람들은 자신의 행위가 얼마나 상대방을 피폐하게 만들고 파괴하는지조차 알지 못한 채 그러한 일을 한다. 그 이유가 어찌 되었든지 간에, 인간 안에 잠재해 있는 간교함은 많은 분열과 갈등 그리고 억압의 요인으로 크게 작용하고 있는 것이다. 따라서 크리스천들이 정직하고 정의로운 마음가짐과 인격을 가지고 가정, 교회, 직장에서 살아가는 것은 매우 중요하다.

뱀의 왜곡된 대화법, 왜곡된 행동

3장의 도입부에 나오는 뱀이 부린 간교한 책략으로 하나님과 아담과 여자, 그리고 아담과 여자 사이에 커다란 간격이 만들어진다. 더 나아가, 후에 펼쳐지는 아담의 후예들의 삶에서도 술수와 속임과 계략이 중요한 삶의 도구로 작용하게 된다.

뱀은 여자에게 가장 친근하고 중요한 것을 가지고 하나님을 빗대어 유혹하고 있다. “하나님이 참으로 모든 나무의 열매를 먹지 말라 하시더냐?”라고 유혹의 말문을 트고 있는 것이다. 매우 간교하고 교활하기 그지없다. 자신이 말하고자 하는 속내를 빙 둘러서 ‘모든’ 이라는 표현을 써가며 여자로 하여금 반박하게 만들고 있는 것이다. 하나님께서 동산 중앙에 있는 선악을 알게 하는 나무의 열매를 먹지 말라고 하셨다는 것을 뱀이 모를 리가 없다. 그럼에도 불구하고 뱀은 여자와의 대화를 유도하기 위해 의도적으로 ‘모든’ 이라는 극단적인 용어를 사용하고 있다. 뱀은 왜곡된 대화법을 이용하여 상대방을 조금씩 자신이 의도한 바대로 이끌어간다.

유능하고 효과적인 대화는 이러한 극단적인 표현을 사용하는 상대방의 의도와 잘못된 사용법을 잘 간파하는 데 있다. 사실 대부분의 사람들이 의식적으로 혹은 무의식적으로 ‘모든’, ‘항상’, ‘늘’, ‘하는 일마다’, ‘전혀’, ‘한 번도’, ‘절대로’ 등의 말을 사용하곤 한다. 이런 말들을 사용하면서 사람들은 자신의 솔직한 감정이나 생각들을 감추거나 왜곡하고 있는 것이다. 특히 문제가 있거나 어려운 일이 닥치면 감정이 이성을 누른 나머지 마치 이 세상 모든 것이 아무 의미가 없고, 그 누구도 자신을 도와주지 않는다고 느끼기 마련이다.

본문 말씀의 그 다음을 살펴보자. 여자는 뱀의 말을 반박하면서 사실을 말하는데, 바로 이어서 그것에 대한 반박으로 뱀이 다시 한 번 교활하고 사악한 언변술로 그 열매를 먹어도 죽지 않고 오히려 하나님과 같이 되어 선악을 알게 될 것이라고 여자를 유혹한다. 뱀의 현란하고 강력한 유혹을 들은 후, 즉시 여자는 그 나무를 쳐다보고야 만다. 이미 뱀의 강력하고도 달콤한 논리에 의해서 이성이 지배당한 여자가 나무를 쳐다보는 순간, 그 열매를 보고 느끼는 감각 역시 변하고 있음을 보여준다. 즉 그 이전에도 아담과 여자는 동산에서 그 나무를 수없이 많이 보아 왔을 것이다. 그런데 바로 그날, 뱀의 유혹이 있었던 날, 여자의 눈에 보이는 그 나무의 열매는 유난히도 먹음직스럽고, 보암직도 하고, 지혜롭게 할 만큼 탐스럽게 보였던 것이다. 그 결과 여자는 열매를 따서 먹고 아담에게도 건네준다.

마비된 감정과 이성, 충동적 행동 이끌어

여기서 악한 영들은 우리의 감정을 마비시키기 위해서, 먼저 우리의 생각과 이성을 마비시키려고 한다는 사실을 주목할 필요가 있다. 일단 생각과 이성이 설득당하면, 그 후 우리의 감정과 행동도 설득당해 마비된 이성에 의해 지배당하고 만다. 이렇게 볼 때, 사탄과의 싸움이 얼마나 치열하고 끈질기며 치명적인 결과를 가져오는지 알게 된다.

오늘도 이 세상의 문화를 차지하려고 혈안이 되어 있는 악한 영의 세력들은 매스 미디어를 비롯한 온갖 통로를 통하여 돈, 섹스, 권력, 성적 정체성, 결혼 등의 가치관을 흔들고 있다.

지금까지 교회와 사회와 가정과 학교를 지탱해 왔던 중심 가치관들이 마치 거짓이고 시대에 뒤떨어진 것들이며, 더 이상 존재할 의미가 없다는 메시지들이 판을 치고 있다. 우리의 이성이 그러한 가치관을 하나하나 양보하며 받아들이기 시작하자, 우리의 감정이 그 깊고 깊은 달콤함에 저항하기란 거의 불가능에 가깝다는 사실을 우리는 사회와 문화 곳곳에서 보고 있다.

이런 맥락에서, 이 세상에서 지치고 힘들고 상처받아 방황하는 이들을 치유하기 위해서는 그들이 처한 현실이나 상황 그 자체를 바꾸어 주는 것이 필요하다. 그와 동시에 근본적으로 문제를 바라보는 관점의 전환이 필요하다. 같은 일을 당하여도 그것을 부정적이고 파괴적으로 보면, 문제는 한없이 커지고 해결책이 전혀 보이지 않는다. 마치 자신의 삶이 불행으로 가득 차 있는 것처럼 느껴지기 마련이다. 일단 우리의 생각이 처절한 밑바닥까지 내려간다면, 감정은 더 이상 헤어 나오기 어려운 분노와 혼란스러움, 무력감과 자포자기, 슬픔과 수치 등의 늪에 빠져 버리고 만다.

뱀의 간교한 술책과 달콤한 도전에 이미 설득 당한 여자는 그 나무를 보자, 그 열매에 대해서 이전부터 갖고 있었던 이미지와 느낌들을 상실해 버리고 만 것이다. 그 대신에 뱀의 말이 맞을 수도 있다는 사고의 전환이 일자, 먹고 싶다는 강한 충동에 사로잡혀 그것을 따먹고야 만다. 그러므로 우리의 생각과 마음을 어둠의 세력으로부터 지키는 것이 무엇보다도 중요하다. 이를 위해서 하나님을 신뢰하며, 하나님께서 하신 일과 하실 일들에 우리 자신을 기꺼이 맡길 수 있는 믿음을 끝까지 견고하게 지켜나가야 하겠다.

세속적으로 밝은 눈, 상처만 더 안겨

마지막으로, 본문 7절은 "이에 그들의 눈이 밝아져 자기들이 벗은 줄을 알고 무화과나무 잎을 엮어 치마로 삼았더라"고 말하고 있다. 아담과 하와는 자신들이 벌거벗은 줄을 전혀 알지 못한 채 지내 왔다. 서로가 서로를 의식할 필요도 없이 하나님께서 자신들을 창조하셨을 때의 모습 그대로를 간직하며 살았던 것이다. 그런 그들이 동산 중앙에 있는 나무의 열매를 따 먹은 후 자신들이 벌거벗은 것을 알게 되었다. 그로 인해 그들은 부끄러움을 느낀 나머지 무화과나무 잎으로 치마를 만들어 부끄러운 부분을 가리게 된 것이다.

아담과 하와가 벌거벗었다는 사실을 알게 되고, 그 결과 부끄러움과 수치를 느껴 결국 치마를 만들도록 이끈 것은 바로 그들의 눈이 밝아졌기 때문이다. 결국 선악을 알게 된 결과이다. 그러나 불행히도 아담과 하와가 선악을 아는 것은 하나님의 뜻이 아니었다. 하나님께서는 왜 아담과 하와가 선악을 알기를 원치 않으셨을까? 만일 하나님께서 그들이 선악을 알기를 원하셨다면, 그때를 정하셨을까? 아니면, 하나님은 왜 생명나무와 선악을 알게 하는 나무를 계속 그들 가운데 두시고 그들을 시험하셨을까? 이와 같은 의문이 생길 수 있다. 유한하며 피조물인 우리 인간이 무한하신 창조주 하나님의 생각을 알 수는 없다. 다만 눈이 밝아진 결과, 아담과 하와에게 가장 먼저 일어난 변화는 자신들이 벗었음을 안 것과 그것이 부끄럽다는 것을 인식했다는 사실이다. 이에 대해서 좀 더 살펴보고 이 본문을 마치려고 한다.

3장에서 잠깐 살펴본 바 있지만, 인간은 끊임없이 진리를 찾고자 노력하였다. 철학, 논리학, 수사학, 역사 등등은 과연 인간에게 있어 의식과 무의식, 앎과 무지, 인간 존재의 의미와 가치, 인간의 근원 그리고 죽음 등에 대해서 영원히 풀리지 않는 수수께끼와 같은 문제들을 풀기 위해서 새로운 철학과 이론과 논리와 각종 학파와 주의(ism)를 만들어 냈다. 이러한 인간의 노력을 본문 말씀에서 빌리자면, 그것은 바로 인간의 눈을 밝히려는 노력이라고 말할 수 있을 것이다.

그러나 '인간의 눈이 밝아지는 것이 과연 지혜로움을 가져다줄 수 있는가?' 라는 질문을 던지게 된다. 하나님 없는 지혜, 과연 그 지혜와 그것이 가져다주는 진리가 참된 지혜와 진리인지 자신 있게 말할 수 있는가? 하나님의 뜻에 어긋난 채 세상의 진리를 깨우치기 위해 발버둥치지만, 결국 인간은 각자가 옳다고 주장하는 진리를 놓고 피터지게 싸우며 심지어 전쟁까지 벌이고 있지 않은가? 뱀의 유혹에 넘어간 아담과 하와는 그들의 눈이 밝아져 지혜를 얻어, 자신들이 벌거벗은 것을 발견하고 치부를 가리며 문명인으로 살아가는 것처럼 보인다. 하지만 결국 에덴에서 쫓겨나고 하나님과의 관계가 깨어지고 만다.

이 시대 사람들은 마치 제2의 아담과 하와로 살아가고 있는 것 같다. 너무도 많은 지식과 지혜가 난무한다. 현란한 말솜씨와 능숙한 설득력으로 대중들을 휘어잡는 지식인들이 너무도 많다. 그럼에도 불구하고 밝아진 눈을 가진 인간들이 행복을 누리고 있는가?

왜 문명이 발달하지 못하고 국민소득이 가장 낮은 나라들에서 사는 사람들의 행복지수가, 높은 지식과 문명을 자랑하는 나라들의 국민들보다 더 높은 것일까? 하나님을 떠난 인간들, 하나님을 떠나 자신들의 눈을 밝히겠다고 나서는 인간들, 그럼에도 불구하고 지금 21세기를 살아가는 우리의 눈이 더 멀어지고 있는 것은 아닌지 두려움이 앞선다.

뱀의 유혹으로부터 시작된 인간의 죄는 결국 하나님으로부터의 분리와 에덴 동산에서의 추방을 이끌었으며, 하나님을 상실한 인간의 영혼 깊은 곳으로부터 울리는 텅 빈 공허감은 오직 하나님의 무한한 사랑과 신실하신 언약으로만 채울 수 있음을 본문과 이후에 등장하는 창세기의 이야기에서 알 수 있다. 인간의 눈먼 마음의 눈을 밝히려는 헌신, 바로 그 헌신이야말로 이 시대에 사는 크리스천들의 소명이 아닐까 생각해 본다.

힐링의 사색을 위한 키워드

간교함. 상처/아픔/실망/절망. 깨어진 관계. 교활한 술수. 위선.
거짓. 분열과 피폐함. 왜곡된 대화와 행동. 극단적 대화.
현란하고 강력한 유혹. 마비된 이성과 감정. 세속적으로 밝은 눈.
충동적 행동. 하나님 없는 지혜와 지식.
하나님의 무한한 사랑과 신실한 언약.

| 06 | 창 3:8-24

하나님의 낯을 피함, 관계 회복하기

말씀 읽기

"여호와 하나님이 이르시되 보라 이 사람이 선악을 아는 일에 우리 중 하나같이 되었으니 그가 그의 손을 들어 생명나무 열매도 따 먹고 영생할까 하노라 하시고 여호와 하나님이 에덴 동산에서 그를 내보내어 그의 근원이 된 땅을 갈게 하시니라 이같이 하나님이 그 사람을 쫓아내시고 에덴 동산 동쪽에 그룹들과 두루 도는 불칼을 두어 생명나무의 길을 지키게 하시니라"(창 3:22-24).

묵상하기

하나님께서 금지하신 선악을 아는 나무의 열매를 먹고 만 아담과 하와는 동산을 거니시는 여호와 하나님의 소리를 듣는다. 하나님께서 거니시는 소리는 그들에게 당연히 친근하고 반가운 소리였을 것이다. 그러나 그들이 죄를 범하게 된 그날, 하나님이 그들 가까이에 계시는 신호는 그들에게 두려움과 피하고 싶은 소리가 되었다. 이에 그들은 여호와 하나님의 낯을 피하여 동산 나무 사이로 숨는다. 상상력을 발휘하면, 전날과는 다르게 뭔가 어색하고 두렵고 부끄러워하는 그들의 모습을 그릴 수 있을 것이다.

하나님의 낯을 피하는 아담과 하와, 현대인들의 모습

그들에게 하나님은 더 이상 반갑게 맞이할 수 없는 존재가 되어버렸다. 오히려 피하고 싶고 마주치고 싶지 않은 그런 대상이 되고 만 것이다. 자신들을 만드신 창조주 하나님으로부터 도망간다는 것은 그들에게 매우 불행한 일이다. 이 장면은 현대를 살아가는 우리에게 매우 큰 의미를 주는 상징이 아닐 수 없다. 아마도 오늘날 우리의 모습이 바로 하나님의 낯을 피하여 숨고 있는 아담과 하와가 아닐까? 하나님의 존재 앞에서 삶의 의미와 방향을 찾기보다 인간 스스로가 발견한 지혜와 지식을 가지고 살아가려고 하는 현대인들의 모습 말이다.

길과 진리요 생명이신 하나님과 하나님의 말씀에서 벗어난 현대인들이 돈과 섹스와 권력과 과학과 기계 문명 뒤에 숨어 있지만, 이 세상은 자기와 타인과의 관계 상실, 가족의 파괴, 폭력, 전쟁, 굶주림, 공허, 소외 등의 현상으로 뒤엉켜 표류하고 있다. 여호와의 낯을 구하기는커녕 피하기만 하는 이 세상은, 끔찍한 고통의 소용돌이에 휘말려 종말을 향하여 점점 더 한 발짝씩 가까이 다가서고 있는 듯하다.

9절을 보면, 여호와 하나님이 아담을 부르신다. 물론 아담이 어디에 있는지 모르셨기 때문이기보다는 이미 아시면서도 물으신 것이다. 아담으로 하여금 자신의 현 상황을 인식하도록 하기 위해서였을 것이다. 하나님의 질문에 아담은 자신이 벗었으므로 두려워서 숨었다고 대답한다. 아담의 대답에서 우리는 이런 질문을 던질 수 있다. '아담이 정말 두려워한 것은 무엇이었을까?' 자신이 벌거벗었다는 수치스러움 때문인가, 아니면 하나님의 명령을 어겼기 때문에 두려웠을까? 벗은 것과 두려움은 서로 어떤 작용을 하는 것일까? 7절에서 이미 자신이 벌거벗은 줄 알고 여자와 함께 무화과나무 잎을 엮어 치마를 만들었다. 이렇게 볼 때, 아담은 벗은 것 때문이라기보다 하나님의 말씀에 불순종한 것으로 인한 두려움으로 숨었다고 이해할 수 있다. 즉 아담의 마음에 이미 죄의식이 들어갔다는 것이다.

잘못을 핑계치 말고 인정하라

교활한 뱀의 유혹으로 선악과나무의 열매를 따 먹은 아담과 하와는 이전에는 전혀 느끼지 못했던 부끄러움과 죄의식을 인식하게 되었다. 선악을 알게 된 것이다. 이성적인 존재가 된 것이다. 선악을 알기에 아담은 하와에게, 하와는 뱀에게 자신들이 그러한 행위를 하게 된 데 대한 잘잘못을 가리고 있다.

분명 아담은 하와가 열매를 주어서 먹었다. 그러나 그는 먹지 않을 수 있는 자유가 있었다. 하와가 억지로 아담의 입에 열매를 집어넣은 것은 아니었다. 하와 역시 마찬가지였다. 뱀이 유혹한 것은 맞지만, 결국 그 열매를 바라보고 따 먹은 것은 하와 자신이었다. 그 누구의 탓도 할 수 없는 것이다. 하나님께서 아담과 하와의 책임을 물으신 것은 바로 그 때문이었다. 먹지 말라는 하나님의 말씀을 어긴 것은 바로 아담과 하와 자신들이었다. 뱀의 달콤한 유혹에 넘어간 것은 하와였고, 하와가 준 그 열매를 먹은 것은 아담이었다. 그리고 하와를 유혹한 것은 뱀이었다.

그들은 각각 하나님의 형벌을 피할 수 없게 되었다. 하나님께서는 뱀만 처벌하신 게 아니라, 아담과 하와에게도 각각 지은 죄에 따라서 형벌을 내리셨다. 뱀에게는 배로 다니고 흙을 먹을 것이라고 하셨고, 여자에게는 임신하는 고통을 크게 더하시고 남편의 다스림을 받을 것이라고 하셨다. 또한 아담에게는 땅이 그로 인해 저주를 받아 얼굴에 땀을 흘리고 평생 동안 수고하여야 소산을 먹으리라고 하셨다.

책임을 물으시며 형벌을 내리시는 하나님의 모습은, 말씀의 실천이 부족하고 좋은 게 좋다는 식으로 넘어가려는 오늘 교회와 크리스천들에게 강한 경고의 메시지로 다가온다. 마치 온갖 죄를 다 저질러 놓고는 마귀나 사탄 때문에 그런 짓을 하게 되었다고 하거나, 이 사람 저 사람에게 자신의 잘못을 돌리는 모습에서 아담과 하와의 일면을 보게 된다. 차라리 하나님의 말씀을 어긴 자신의 잘못을 정직하게 시인하며 용서를 구하는 편이 더 낫지 않을까?

치유와 회복과 희망을 갈망하는 내담자들을 만나면서 정말 안타까운 점이 있다. 그것은 남의 잘못이나 자신이 받은 상처에는 민감하면서도 정작 자신으로 인해 고통받고 있는 상대방의 상한 감정과 닫혀 버린 마음에는 전혀 관심이 없는 이들이 우리 주위에 너무나도 많다는 것이다. 아이들과 아내 혹은 남편에게 행했던 자신의 파괴적인 언어와 행위에 대해서 의식적이고 의도적인 대면이 없는 신앙생활은 하나님을 기쁘시게 할 수 없다. 진정한 회개는, 아담과 하와가 하나님 앞에서 했던 것처럼 자신의 잘못된 행동에 대한 타인의 역할만을 꼬집는 것이 아니라, 자기 자신의 잘못을 깊이 인식하고 진정으로 돌아서는 것이다.

깨어진 하나님과의 관계

본문의 마지막 부분에 하나님께서 결국 아담과 하와를 에덴 동산에서 내쫓으시는 장면이 나온다. 에덴 동산에서 추방된 그들은 먹을 것이 자연스럽게 주어지던 에덴 동산에서와는 달리, 땅을 갈며 수고해야 먹을 것을 얻을 수 있게 되었다. 그 후 아담의 후예들은 땅을 비롯한 자연에의 순응과 화합, 그리고 때로는 자연과의 투쟁과 대립 속에서 견디며 생명을 이어가야만 했다.

자연과의 관계를 뛰어넘어, 에덴에서 추방당한 인간들은 최종적으로 하나님과의 관계 회복이 그 무엇보다도 중요한 과제가 아닐 수 없었다. 사실 그들이 할 수 있는 거라곤 아무것도 없었다. 중요한 것은 하나님의 찾아오심이다. 비록 아담과 하와를 에덴에서 추방하시기는 했지만, 여전히 하나님은 가인과 아벨과의 관계를 이어가신다. 홍수 전에 노아를 남겨 두심으로써 인간에게 일말의 기회를 주시는 모습을 볼 수 있다. 신약시대에는 약속대로 예수님을 이 땅에 보내주셔서 죄인인 인간 대신에 십자가에서 대속제물이 되게 하신다.

그 하나님은 21세기가 한창 진행되고 있는 이 시점에도 여전히 인간들과 관계를 이어가신다. 바로 교회를 통해서 그 일을 하시는 것이다. 그러나 불행히도 이 시대는 여전히 에덴에서 쫓겨난 상태를 훨씬 더 즐기고 있는 듯이 보인다. 인간의 힘으로 에덴과 같은 유토피아를 꿈꾸며, 하나님께서 지키시려 했던 생명나무 열매를 따 먹고 영생하기 위해서 혈안이 되어 있다. 인간이 발달시킨 의료과학의 힘으로 인간의 생명을 연장시키는 것이 가능하게 된 이 세상은 하나님 없는 에덴을 꿈꾸며 유토피아의 세계를 건설하려고 한다.

과연 이 시대에 교회와 크리스천들은 무엇을 꿈꾸며 살아가야 하는가? 교회의 부흥과 선교대국을 향해서 가는 것도 하나님께 영광 돌리는 것이 되겠지만, 한편으로는 깨어진 나 자신과 가족, 이웃, 환경 그리고 하나님과의 관계 회복을 위해서 힘쓰는 것 또한 이 시대에 꼭 필요한 사역이 아닐까 생각한다. 너무나 크고 높은 지향점으로 인해, 작게 보이지만 생명을 살리는 실천적인 일들을 소홀히 여기는 일이 없어야겠다.

부끄러움과 두려움으로 인해 여호와 하나님의 낯을 피했던 아담과 하와, 반면에 지금 이 시대는 하나님이 부르시는 소리를 의식적으로 거부하는 문화 속에서 사람들이 살아가고 있다. 무슨 이유이든 간에 하나님의 낯을 피하는 사람들은 그래도 치유의 희망이 있다는 것을 내담자들의 이야기 속에서 발견하게 된다. 누군가를 피한다는 것은 그의 존재를 인식한다는 것을 의미하기 때문이다.

그런 의미에서 치유와 회복의 기쁨은 포기하지 않는 데서부터 시작된다. 폭력과 상처, 아픔과 소외로 인해 삶이 뒤엉켜 있다고 할지라도, 그래서 하나님의 낯을 피해 도망가고 있다고 해도 하나님은 우리를 절대로 포기하지 않으신다. 인생의 힘든 여정 속에서 하나님과 숨바꼭질하는 한이 있더라도 우리를 찾으시는 하나님을 기억해야 한다. 하나님의 낯을 피하는 숨바꼭질이 도저히 끝날 것 같지 않아 보이지만, 언젠가 게임은 끝날 것이다. 우리를 찾으시고 기뻐하시는 하나님의 품 안에서 참 자유를 누리고 진정한 회복을 얻게 될 것이다. 하나님을 피해 나무 사이에 숨어 있던 자가 자신을 발견한 하나님을 향해 뛰쳐나가는 자유자로 다시 태어나는 것이다.

힐링의 사색을 위한 키워드

여호와의 낯을 피함. 하나님으로부터 도망.

아담을 부르시는 하나님. 수치/두려움. 선악을 알게 된 아담과 하와.

잘못 인정하기. 책임을 물으시는 하나님. 깨어진 하나님과의 관계.

하나님의 찾아오심. 교회를 통한 관계의 회복.

치유와 회복 포기하지 않기. 숨어 있던 자에서 자유자로.

| 07 | 창 4:1–15

시기와 질투, 아벨의 죽음

말씀 읽기

"여호와께서 가인에게 이르시되 네 아우 아벨이 어디 있느냐 그가 이르되 내가 알지 못하나이다 내가 내 아우를 지키는 자니이까 이르시되 네가 무엇을 하였느냐 네 아우의 핏소리가 땅에서부터 내게 호소하느니라 땅이 그 입을 벌려 네 손에서부터 네 아우의 피를 받았은즉 네가 땅에서 저주를 받으리니 네가 밭을 갈아도 땅이 다시는 그 효력을 네게 주지 아니할 것이요 너는 땅에서 피하며 유리하는 자가 되리라"(창 4:9-12).

묵상하기

에덴 동산에서 쫓겨난 아담과 하와는 가인과 아벨을 낳는다. 인류 역사상 처음으로 인간의 후손이 태어난 것이다. 하나님께서 직접 손으로 지으신 아담과 하와, 그 후 인간이 동침하여 낳은 최초의 아들들이 바로 가인과 아벨이다. 아담과 하와가 이들을 어떻게 키웠는지에 대해서는 성경이 자세히 말하고 있지 않다. 다만 본문의 중요 장면은 가인과 아벨이 장성한 후에 벌어진 사건에 대해서 언급하고 있다. 특히 인류 최초의 살인사건이 등장한다.

마음의 중심을 보시는 하나님

사건의 발단은 가인과 아벨이 각각 여호와 하나님께 제사를 드린 데서 시작된다. 즉 하나님은 아벨과 그의 제사는 받으셨으나 가인과 그의 제물은 받지 않으셨다. 여기서 우리가 짐작할 수 있는 것은, 하나님은 그들이 드린 제사에만 관심이 있으셨던 것이 아니라 바로 가인과 아벨의 내면을 주시하고 계셨다는 점이다. 요컨대, 제사를 드리는 그들의 마음의 신실함을 판단의 기준으로 삼으신 것이다. 아마도 평소에 하나님을 생각하는 그들의 마음과 제사를 드리기 위해 준비하는 마음가짐, 제물을 선택하는 정성과 의도에서 가인과 아벨은 달랐을 것이다.

하나님은 우리 마음의 중심을 보신다. 하나님을 우리 삶의 중심에 모실 때, 하나님께서는 우리가 드리는 것을 기뻐 받으신다. 삶의 중심에는 다른 것들로 가득 차 있으면서, 의례적으로 혹은 형식적으로 드리는 예배나 예물은 하나님이 기뻐 받으시지 않는다. 우리는 이 세상을 살아가면서 좋은 일, 행복한 일, 성공을 만날 수 있다. 혹은 원치 않는 궂은일, 불행, 실패, 좌절 등도 얼마든지 만날 수 있다. 그런 순간마다 우리의 마음 중심에 하나님이 계시다면,

우리 안에 파도같이 밀려오는 삶에 대한 분노와 자살에 대한 충동, 타인에 대한 증오 등의 감정에서 헤어 나올 수 있도록 하나님이 도와주실 것이다.

시기와 질투의 깊은 칼날

가인이 자기의 친동생인 아벨을 죽인 사건을 보면서 인간 안에 깊이 자리 잡고 있는 시기와 질투심으로 인한 강한 적개심을 읽게 된다. 시기와 질투로 인해 말미암아 파생되는 분노는 인간에게 살인을 가져올 정도의 강력한 충동을 준다. 시기와 질투는 뱀이 하와를 유혹할 때 사용했던 무기이다. 하와로 하여금 선악을 알게 하는 나무를 보지 않을 수 없도록 유도했던 감정들이다.

> "뱀이 여자에게 이르되 너희가 결코 죽지 아니하리라 너희가 그것을 먹는 날에는 너희 눈이 밝아져 하나님과 같이 되어 선악을 알 줄 하나님이 아심이니라"(창 3:4-5).

간악한 뱀은 선악을 알게 하는 나무를 사이에 두고 하나님과 하와 사이를 이간시켰던 것이다. 그리고 그 중심에는 바로 시기심이 들어 있다. 하나님과 같이 될 수 있다는 뱀의 은밀한 속삭임은 선악을 알며 영원한 생명을 소유하고픈 하와의 질투심에 불을 지핀 것이다.

우리가 서로 상처를 주고받는 이유는 바로 내 안에 있는 시기심과 질투심으로 인한 것들이 대부분이다. 내가 갖지 못한 것을 갖고 있는 상대방을 비난하고 해치면서 어떻게든 그에게 상처를 입히고 싶은 강한 욕망이 우리 안에 내재되어 있는 것이다. 나보다 더 공부 잘하고 얼짱인 아이에 대한 질투심을 억누르지 못해, 그에게 신체적이고 정신적인 폭력을 가하는 경우가 우리 학교 안에 또 얼마나 많은가? 늘 남과 경쟁하며 살아가는 이 사회 구조 속에서 질투심과 시기심은 어쩌면 모든 상처의 근원이 되고 있다.

아들과 며느리의 관계를 질투하는 시어머니로 인해서 관계가 깨어지는 부부들을 심심찮게 본다. 아담과 하와에서부터 시작된 시기심과 질투는 이제 그의 아들인 가인에게로 이어진다. 그 후 창세기에서 전개되는 이야기를 살펴보면, 인간의 마음속 깊이 자리 잡은 이 두 가지 감정으로 인해 많은 폭력과 살인과 깨어진 인간관계들을 볼 수 있다.

죄를 다스려라

본문에서 하나님은 또한 우리에게 선과 악의 관계에 대해서 언급하신다. 선을 행하지 않으면 죄가 우리 마음의 문 앞까지 쳐들어온다는 것이다. 여기서 우리는 선을 행해야만 하는 절대적인 이유를 알게 된다. 남에게 상처만 주지 않으면 되지 굳이 남을 도와줄 필요를 느끼지 못하는 사람들이 의외로 우리 주변에는 많이 있다.

하지만 남에게 피해만 주지 않으면 된다는 생각, 남의 상처나 아픔과 고통은 거들떠보지도 않는 것은, 자기 가족과 자신이 속해 있는 공동체의 성장을 막고 파괴하는 결과를 낳는 것을 심심찮게 보게 된다. 이기적인 행위는 결국 관계의 단절을 가져오기 때문이다.

하나님은 죄의 유혹을 받고 있는 가인에게 죄를 다스릴 것을 말씀하고 계신다. 가인의 마음속에 이미 강력하게 자리 잡고 있는 죄의 유혹을 보고 계셨던 것이다. 그러나 가인은 자신의 아우 아벨을 쳐죽이고 말았다. 인류 역사상 최초의 살인자가 된 것이다. 그의 안에 가득 차 있었던 시기와 질투, 그로 인한 분노를 억제하지 못하고 살인이라는 엄청난 죄를 저지르고 만 것이다. 죄를 다스리라는 하나님의 말씀은 오늘 죄로 만연한 문화 속에 뒤섞여 살고 있는 우리에게도 심각한 도전이 된다. 가인의 살인을 요즘 관점으로 보면 그리 놀랄 일이 아닐 수 있지만, 천지창조와 에덴 동산을 둘러싼 아담과 하와의 이야기가 진행되는 본문의 시점에서 누군가를 죽이려는 생각, 그리고 그 생각을 실제로 행동에 옮길 수 있었다는 것은 심히 충격적으로 다가온다. 이는 그만큼 죄의 독성이 강하다는 것을 입증하는 것이다.

"너는 죄를 다스릴지니라"(창 4:7).

이 말은 현대를 살아가는 우리에게도 여전히 유효하다. 살인과 전쟁, 성폭행과 학교폭력, 남편과 아내, 부모와 자식 간에 벌어지는 가정폭력과 근친상간, 환경오염 등 이 땅에 난무하는 죄악들과 죄악을 부추기는 문화들에 대해서 교회와 크리스천들은 경각심을 가지고 대면하여 한목소리를 내야만 한다. 선을 행하지 않으면 죄가 바로 문턱에까지 치고 들어온다는 본문 말씀처럼, 교회와 크리스천들이 죄악의 현상에 대해서 침묵하고 빛과 소금의 사명을 잃어 갈 때, 우리도 죄의 깊고 강렬한 유혹으로부터 자유롭지 못하게 될 것이다.

동생 아벨을 죽인 가인에게 하나님은 이렇게 물으신다.

"네 아우 아벨이 어디 있느냐"(창 4:9).

가인은 같은 절에서 이렇게 답한다. "내가 알지 못하나이다. 내가 내 아우를 지키는 자니이까?" 죄를 다스리지 못하고 굴복한 가인은 오히려 하나님께 왜 그런 것을 자기에게 묻느냐는 식으로 빈정거리며 항변한다. 자신이 죽여 놓고서도 모른다고 잡아떼는 가인, 그는 정말로 창조주이신 하나님이 그 사실을 모르실 거라고 생각했을까? 빈정거리는 가인을 보며 상담의 현장에서 만났던 현대판 가인들을 떠올린다.

성적 때문에 집에서 학대받고 무시당해 더욱더 악한 길로만 가려고 하는 한 여학생의 이야기 속에서 가인 같은 부모들을 보게 된다. 남편과 아버지로서의 의무를 다하지 않고, 아내와 자녀들을 괴롭히고 폭행하고 억압하여 가정을 파괴시키는 한 남자의 뻔뻔스러운 얼굴에서 왜 나에게 그런 것을 묻느냐는 가인의 얼굴을 상상하게 된다. 이런 가인들의 폭력으로 인해 고통받는 아벨들을 만날 때마다 그 고통과 아픔을 아시는 하나님이 함께하심이 소망이 되고 위로가 됨을 전하곤 하지만, 종종 그들이 짊어지고 있는 마음의 짐이 너무 무거움을 가슴 아프게 느낄 수밖에 없었다.

현대인의 절망은 형벌인가, 관계회복의 사인인가?

결국 가인은 하나님으로부터 벌을 받게 된다.

> "네가 밭을 갈아도 땅이 다시는 그 효력을 네게 주지 아니할 것이요 너는 땅에서 피하며 유리하는 자가 되리라"(창 4:12).

땅의 효력이 사라짐과 함께 땅으로부터 방랑하게 되는 벌을 받는 가인을 보면서 아담이 받았던 형벌을 떠올린다. 아담의 죄로 인해 땅은 저주를 받고 아담은 평생 수고하여야 땅이 그 소산을 낼 것이라는 형벌, 결국 아담과 가인은 같은 형벌을 받은 셈이다. 바로 '땅' 과의 친밀한 관계의 단절이다. 땅은 인간에게 존재의 근원이다. 땅에 있는 흙으로 지어진 인간은 땅과 함께 호흡하며, 땅이 내주는 것을 먹으며 살아가도록 지음 받았던 것이다. 그러나 아담과 가인의 죄로 인해, 인간은 땅을 정복해야만 했다. 땅으로부터 저주를 받는 존재가 되었다.

인간의 탐욕과 고통, 상처, 절망, 혼돈, 소외, 갈등과 죽음을 다루다 보면, 어쩌면 현대인들이 아담이나 가인과 같은 형벌을 받고 있는 건 아닌가 하는 생각이 들기도 한다. 인간이 인간을 소외시키고 절망 속에 빠뜨리면서 서로의 존재와 가치를 상실하며, 되찾을 수 없는 저 깊은 나락으로 빠져가는 것만 같다. 가인이 인간 생명의 근원인 땅에서부터 영원히 유리하는 자가 되었듯이, 오늘을 살아가는 21세기 가인일지 모르는 우리는 인간 생명의 근원인 하나님과 인간 그 자체로부터 영원히 멀어져만 가고 있는 것이다.

가인과 아벨의 이야기가 우리에게 시사해 주는 바는 과연 무엇일까? 사람에 따라서 다양하게 해석할 수 있겠지만, 목회상담학적으로 바라본다면 아마도 관계 회복이 시급함을 알려 주는 것이 아닐까? 가인과 아벨, 가인과 하나님, 가인과 땅의 관계 말이다. 고통 받아 울부짖는 내담자의 이야기 속에서 나는 가인을 만나게 되고, 아벨을 보게 된다. 뻔뻔스러운 가인의 눈과 독설 속에서 하나님을 속이려는 어리석음을 경험한다. 그리고 회복되지 않고 계속 아픔의 사이클을 돌고 있는 가정들의 모습을 놓고 기도하게 된다.

이제 우리는 잃어버린 관계의 회복을 위해 나서야 한다. 교회와 크리스천들이 이 사명을 잊어버린다면, 유혹의 달콤한 혀를 날름거리는 그 간교하고도 간악한 현대판 독사들이 꼬리를 감아 교회를 향하여 세게 내리칠 것이다.

힐링의 사색을 위한 키워드

마음의 중심을 보시는 하나님. 가인과 아벨.

시기와 질투 그리고 분노. 살인에 대한 강력한 충동.

죄를 다스려라. 죄의 독성. 죄의 깊고 강렬한 유혹.

절망과 상처. 관계 회복의 사인.

| 08 | 창 4:16-26

문명의 창시자, 가인의 후예들

말씀 읽기

"가인이 여호와 앞을 떠나서 에덴 동쪽 놋 땅에 거주하더니 아내와 동침하매 그가 임신하여 에녹을 낳은지라 가인이 성을 쌓고 그의 아들의 이름으로 성을 이름하여 에녹이라 하니라……라멕이 두 아내를 맞이하였으니 하나의 이름은 아다요 하나의 이름은 씰라였더라 아다는 야발을 낳았으니 그는 장막에 거주하며 가축을 치는 자의 조상이 되었고 그의 아우의 이름은 유발이니 그는 수금과 퉁소를 잡는 모든 자의 조상이 되었으며 씰라는 두발가인을 낳았으니 그는 구리와 쇠로 여러 가지 기구를 만드는 자요 두발가인의 누이는 나아마였더라 라멕이 아내들에게 이르되 아다와 씰라여 내 목소리를 들으라 라멕의 아내들이여 내 말을 들으라 나의 상처로 말미암아 내가 사람을 죽였고 나의 상함으로 말미암아 소년을 죽였도다"(창 4:16-23).

묵상하기

본문은 여호와 앞을 떠난 가인과 그의 자손들에 대한 이야기를 다루고 있다. 창세기 4장 1-15절에서는 가인이 아벨을 죽인 사건과 여호와의 형벌에 관한 이야기를 하고 있으며, 다음 장인 5장에서는 아담의 계보가 자세히 언급되고 있다.

16절을 보면, 가인이 여호와 앞을 떠났다고 한다. 아벨을 죽인 가인은 마침내 여호와를 떠나게 되고 땅에서 방황하는 처지가 된다. 그 후 아내를 만나 결혼하게 되고, 여러 자손들을 거느리게 되며, 20-22절에서는 가인의 후예들이 문명의 창시자가 되는 것을 알 수 있다. 가인의 후예들이 문화와 문명을 만든 반면에, 가인과 같은 폭력과 살인을 저지르는 일도 했다고 기록하고 있다. 23절을 보면, 라멕이 사람을 죽이고 소년을 죽인 것이다. 가인과 그의 후손들의 이야기와 아울러, 25절과 26절에는 아담과 하와의 이야기가 다시 등장한다. 아담과 하와 사이에 셋이라는 아들이 태어났는데, 여기서 중요한 것은 셋이 아들을 낳아 이름을 에노스라고 했으며, 그때부터 사람들이 여호와의 이름을 부르게 되었다는 것이다.

여호와 앞을 떠난 가인, 우리의 모습

본문에서 먼저 중요하게 다가오는 것은 가인이 여호와 앞을 떠났다는 사실이다. 동생 아벨을 죽인 가인은 그의 죄로 말미암아 다시는 하나님을 보지 못하는 운명에 처하게 된 것이다. 인간의 죄는 하나님과 멀어지게 만든다. 그것이 하나님의 계획이든 혹은 형벌이든, 죄는 하나님으로부터 멀어지게 만든다.

가정폭력, 학교폭력, 성폭력, 부에 대한 탐욕, 총기 사건, 성적인 타락, 환경오염 등 힘의 남용과 억압과 욕심의 내면에는 바로 하나님 앞을 떠난 이 시대의 적나라한 모습들이 있다. 한마디로 표현하자면, 오늘 우리가 살아가고 있는 이 시대의 사람들은 하나님으로부터 스스로 등을 돌리고 있는 것이다.

내담자가 흘리는 눈물과 상처와 고통 속에서 인간 안에 스며들어 있는 잔인한 죄의 속성들을 보게 된다. 내담자들이 호소하는 문제 속에 바로 죄의 문제가 숨어 있는 것이다. 아들과 아내를 매일같이 때리는 남편, 자식들에게 점수와 돈만이 최상의 가치라고 강요하며 기대에 어긋나면 욕설을 마구 퍼부어대며 때리는 부모들, 포르노그라프와 인터넷 자살도우미들, 관계의 우위를 이용하여 힘을 남용하는 사람들, 바로 그들의 모습에서 하나님 앞을 떠난 인간의 죄의 속성들을 만나게 된다.

그렇다면 과연 가인이 하나님 앞을 떠나지 않을 기회가 있었을까? 있었을 것 같다. 본문 바로 앞부분인 창세기 4장 9절에 보면, 하나님과 가인 사이에 매우 중요한 대화가 오간다.

> "여호와께서 가인에게 이르시되 네 아우 아벨이 어디에 있느냐 그가 이르되 내가 알지 못하나이다 내가 내 아우를 지키는 자니이까"(창 4:9).

하나님은 가인에게 아벨의 행방을 물으신다. 아벨이 어디에 있는지, 무슨 일이 있었는지를 묻고 계신다. 하나님이 몰라서 물으셨을까? 하나님은 이미 가인이 한 일에 대해서 잘 알고 계셨을 것이다. 그럼에도 가인에게 물으신 것이다. "아벨이 어디에 있느냐?" 하지만 이 질문은 사실 "네가 아벨에게 무슨 짓을 했느냐?"라고 묻는 것과 같다.

유한한 우리가 절대자이신 하나님의 생각을 분명하게 알 수는 없지만, 하나님이 왜 굳이 이런 질문을 가인에게 하셨을까? 혹시 가인이 자신의 죄를 정직하게 하나님 앞에 내어놓기를 바라셨던 것은 아닐까? 무섭고 두려웠음에도 불구하고 하나님 앞에서 솔직하게 자신들이 한 일을 털어놓은 아담과 하와처럼, 가인이 자신이 한 일에 대해서 정직하게 말했더라면 어땠을까? 어쩌면 가인의 삶이 달라질 수 있었을지도 모른다.

자신의 잘못에 대한 대면

치유를 위해서는 반드시 자신의 죄에 대한 정직한 대면이 필요하다. 우리의 상처받은 심령을 치료하기 위해서 반드시 있어야 할 과정이다. 동생 아벨에 대한 질투심과 하나님에 대한 원망과 분노가 살인을 촉발시킨 원인이었다. 만일 가인이 자기 안에 깊이 내재해 있었던 그러한 감정들을 인정하고 바라볼 수 있었다면 하나님 앞에서 정직해질 수 있었을 것이다.

가인처럼 자신의 마음을 억누르고 괴롭히는 것들을 제대로 바라보지 못한 나머지, 자신은 물론 사랑하는 남편과 아내와 자녀들,

학교와 직장 친구들, 교회 식구들 혹은 전혀 알지도 못하는 낯선 사람들에게까지 상처와 아픔과 공포를 주는 이들이 상담의 현장에는 많이 있다.

심지어 자기 자신이 가해자가 아니라 피해자일지라도 용기를 가지고 자신의 삶을 대면하는 것은 건강한 삶을 위해서 반드시 필요하다. 물론 그것은 쉬운 일이 아니다. 너무도 지긋지긋해서 잠조차 제대로 자지 못하게 만드는 아픈 기억과 감정들을 직면한다는 것은 그리 간단한 일이 아니다. 그럼에도 불구하고 피해자가 영원한 피해자로 남지 않기 위해서, 상처받은 피해자가 남에게 상처를 입히는 또 다른 가해자가 되지 않기 위해서 거쳐야 하는 중요한 치유와 회복의 단계이다.

상담자에게 하기 힘들다면, 언제나 우리를 품으시는 하나님께 가지고 나아가야 한다. 그래서 하나님이 우리에게 내려놓아야 할 것, 용서해야 할 것이 있다고 알려 주시면, 용기를 내서 그렇게 해야 한다. 너무도 오랫동안 억누르며 붙잡고 있었던 것을 이제 그만 내려놓으라고 하시면 내려놓아야 한다. 그런 결단의 행동이 이어질 때 진정한 자기 회복과 치유를 경험하는 것이다.

치유 받지 못한 자기의 역기능

치유 받지 못한 자기 내면의 상처는 자기만 파괴하는 것이 아니라 다른 사람들까지 죽일 수 있다는 것을 본문 23절은 잘 보여주고 있다. 23절을 보면, 문명을 만든 이들의 조상이기도 한 라멕은 자신이 받은 상처로 인해 사람을 죽였다고 소리 지른다. 자신이 받았던 상함 때문에 소년을 죽였다고 외친다. 문화와 문명을 만들었던 야발과 유발과 두발가인의 아버지였던 라멕이었지만, 자기 안에 깊이 숨어 있던 상처와 아픔은 극복하지 못했던 것으로 보인다.

상처와 고통으로 찢어진 마음과 짓밟힌 심령은 인간이 만든 문명만으로는 치유할 수 없다. 인간의 문명과 문화는 자기실현을 통해서 우리 스스로 삶의 참된 행복을 찾을 수 있다고 말한다. 자기실현을 통한 인간의 행복이 마치 삶의 목적인 양 선전하는 것이다. 그러나 인간이 만든 이론과 철학은 인간을 이해하고 긍정적으로 삶의 방향을 잡아 줄 수 있을지는 몰라도 삶의 무게에서 우리를 자유하게 해줄 수는 없다. 오직 하나님께 정직히 나와서 자기 안에 있는 절망과 좌절과 상처 심지어 분노까지도 인정하며 고백할 때, 자기 자신과 하나님과의 화해를 통해서만이 진정한 위로와 치유가 이루어질 수 있다. 상담가의 역할은 내담자가 이 작업을 효과적으로 할 수 있도록 전문적인 기법을 통하여 도와주는 것이다.

20-22절을 보면, 위에서 잠시 언급한 문명의 시작이 나온다. 가인의 후예들이 목축업, 음악, 철강 등 문명을 만들기 시작한 것이다. 그런데 여호와 앞을 떠난 가인의 후예들이 왜 문명을 만들었을까 하는 우문을 갖게 된다. 어쩌면 전지전능하신 하나님과 멀어지면서 자기들 나름대로의 보호막과 방어막을 쌓으려 했던 것은 아닐까? 하나님의 낯을 보지 못하고 땅에서 피하며 유리하는 자가 되어 버린 가인의 후예들은, 자기들에게 안정된 삶과 즐거움과 행

복을 가져다줄 나름대로의 장치들을 갈구했는지 모른다.

그러나 불행히도 그곳에는 하나님이 계시지 않았다. 인간을 누구보다도 더 잘 아시는 창조주 하나님의 섭리가 그곳에 존재하지 않았던 것이다. 그러기에 자기 아들들이 만든 문명 속에서도 라멕은 살인과 피와 원한과 복수의 증오를 불태웠던 것이다. 가축을 치는 안정된 삶도, 아름다운 선율이 흐르는 음악도, 멋진 기구들을 만드는 기술도 그의 마음을 위로해 주지 못했다. 그들은 여호와 하나님을 찾지 않았던 것이다. 하나님은 그들이 자신들을 위로하고 즐거움과 위로를 찾으려는 노력에 함께하시지도 않았고 그렇다고 막지도 않으셨다. 하나님을 찾지 않는 가인의 후예들에게 하나님은 자신을 드러내시지 않았다.

어쩌면 하나님께서는 같은 방식으로, 오늘 이 세상에서 마음껏 죄악을 저지르고 있는 인간들을 그렇게 내버려 두고 계시는지도 모른다. 오직 인간의, 인간을 위해서, 인간에 의해 만들어진 모든 이론과 문명과 문화와 가치관 속에서 하나님은 자신의 부재를 통해 자신의 존재를 드러내고 계시는 것인지도 모른다. 가인의 후예들처럼 그렇게 하나님을 차츰 잊어 가고 있을 뿐만 아니라 하나님의 이름을 더럽히며 살고 있는 이 땅의 사람들은 지금도 여전히 세련되고 화려하게 인간의 즐거움과 행복을 주는 문명을 지속적으로 발전시켜 가고 있다.

그런데 참으로 아이러니한 것은, 라멕처럼 진정한 마음의 위로와 회복을 찾지 못한 지금 이 시대의 사람들은 살인과 음란과 전쟁과 폭행과 굶주림과 환경의 오염과 질병과 기형적인 인간과 동식물들의 탄생을 가져오는 비극에 직면해 있다는 사실이다.

여호와의 이름을 부르라

그렇다면 이 시대에 진정 필요한 것은 무엇인가? 아픔과 좌절과 소외와 폭력으로 인한 아픔을 경험할 수밖에 없는 이 시대를 살아가는 우리가 진정 갈망해야 할 것은 무엇인가? 그것에 대한 대답을 26절에서 찾을 수 있다.

> "셋도 아들을 낳고 그의 이름을 에노스라 하였으며 그때에 사람들이 비로소 여호와의 이름을 불렀더라"(창 4:26).

바로 여호와의 이름을 부르는 것이다. 여호와의 이름을 부르는 것은 다름 아닌 하나님과의 화해의 시작이다. 아담의 죄로 인해서 여호와를 찾지 못하고 부르지 못했던 아담의 자손들은 에노스 때부터 다시 여호와의 이름을 부르며 하나님을 찾기 시작했다.

아담의 후예들이 여호와의 이름을 불렀다는 것은, 곧 하나님께서 아담과 하와의 범죄로 인해 어긋난 인간과의 관계를 다시 회복시키신 것을 의미한다. 우리가 지금 자기 자신과 이웃과 그리고 하나님과 어떤 관계에 있든지 하나님께서는 잊지 않으시고 우리를 회복시키시고 우리와 화해하기를 원하신다.

여기서 우리는 여호와와의 화해의 시작이, 당시 화려한 문명을 만들었던 가인의 후예가 아닌, 아담이 다시 낳은 아들 셋의 후손에서부터 시작되었다는 점을 주목할 필요가 있다.

이 세상의 어떤 화려한 문화와 문명도 우리 안에 영원한 평화와 소망과 기쁨을 가져다줄 수 없다. 그것을 우리는 21세기의 사회와 문화 가운데 벌어지고 있는 일들 속에서 분명하게 보고 있지 않은가? 더 살기 좋아지고 편안해지고 있는데, 사람들은 더 불안해하고 더 많은 욕망으로 삶의 빈자리를 채우려고 한다. 문명의 이기가 상상하기 어려울 정도로 발전해 가는 이 시대에, 왜 사람들은 더 많이 스스로 죽거나 서로를 죽이고 있는가? 갈수록 살기가 힘들고 각박하다고 왜 그렇게 탄식하고 있는가?

우리 심령과 관계의 회복은 바로 여호와의 이름을 부르며 하나님의 은혜를 갈망할 때만이 경험할 수 있다. 다시 여호와 하나님께로 돌아가야 할 때이다. 그 길만이 우리에게 진정한 생명, 정의, 평화 그리고 소망을 가져다줄 수 있기 때문이다.

힐링의 사색을 위한 키워드

여호와 앞을 떠남. 땅에서 방황. 문명과 문화의 창시.

반복된 폭력과 살인. 죄의 속성과 하나님을 떠남.

잘못을 정직하게 대면하기. 자신의 내면과 감정 보기.

치유 받지 못한 자기의 역기능.

하나님 없는 인간의 문화와 문명의 불완전.

여호와의 이름을 부르라. 하나님의 은혜에 대한 갈망.

| 09 | 창 6:5-8

하나님의 분노 그리고 은혜를 입은 자, 노아

말씀 읽기

"여호와께서 사람의 죄악이 세상에 가득함과 그의 마음으로 생각하는 모든 계획이 항상 악할 뿐임을 보시고 땅 위에 사람 지으셨음을 한탄하사 마음에 근심하시고 이르시되 내가 창조한 사람을 내가 지면에서 쓸어 버리되 사람으로부터 가축과 기는 것과 공중의 새까지 그리하리니 이는 내가 그것들을 지었음을 한탄함이니라 하시니라 그러나 노아는 여호와께 은혜를 입었더라"(창 6:5-8).

묵상하기

상담을 하거나, 교실에서 강의하면서 학생들과 경험을 나누거나, 또 이것저것 글을 읽다 보면 사람이 이렇게까지 악하고 파렴치할 수 있을까라는 질문을 하게 된다. 더 정확하게 말하면, 인간의 악한 면들을 확인할 수 있는 것 같아 몸서리치게 끔찍할 때가 있다. 아내를 죽이려는 남편과 남편을 죽이려는 아내, 타인의 자존감이나 인격은 아랑곳하지 않고 오직 자신의 이익을 위해서 상대방을 짓밟으려고 하는 시어머니, 남편, 부모, 형제 그리고 교회 리더들의 모습이 그렇다. 신문지상이나 인터넷상에 떠다니는 뉴스 매체들을 보면, 이 땅에 가득한 죄악된 모습들을 죄다 모아놓은 것만 같다.

죄악으로 가득한 세상

본문은 세상이 죄악으로 가득 찼다고 말한다. 문명이 그다지 발달하지도 않았고, 인간에게 심한 유혹과 자극을 가져다주는 것들이 많지 않았던 노아 시대에, 과연 어떤 죄들이 그리도 많았을까? 그런데 하나님은 분명히 당시 사람들 가운데 죄악이 가득했다고 말씀하신다. 그것은 아마도 크게 두 가지로 볼 수 있을 것이다.

첫째는 성적 타락이다. 바로 앞부분인 창세기 6장 2절은 하나님의 아들들이 사람의 딸들의 아름다움을 보고 자기들이 좋아하는 모든 여자를 아내로 삼았다고 기록하고 있다. 여자들의 외모에 취해 마음에 드는 모든 여자를 아내로 삼을 수 있었다고 볼 때, 이를 둘러싸고 살인과 방탕 등 온갖 죄가 저질러졌을 것임을 쉽게 짐작할 수 있다.

그리고 성적인 문란함을 비롯한 사람들의 악한 행동들은 결국 하나님을 두려워하거나 경배하는 마음을 사라지게 했을 것이다.

하나님을 경배하지도 않고 먹고 마시며 사람들끼리 즐기는 문화 속에서, 사람들은 하나님께 인도받는 삶에서 멀어지고 자신들만의 길을 가기 마련이다. 이런 이유로 하나님은 사람들의 마음의 모든 계획이 항상 악할 뿐이라고 보셨을 것이다.

아담과 하와가 선악과나무 열매를 따 먹은 후, 선악을 알게 된 인간은 하나님의 선과는 전혀 상반된, 오히려 하나님과 적대되는 방식으로 선과 악을 해석하기 시작한 것이다. 즉 사람에게 즐겁고 유익한 것은 선이고, 그렇지 못한 것은 악이라는 식으로 말이다. 아마도 하나님께서는 이것을 염려하셨던 것 같다. 인간이란 존재는 선과 악조차도 하나님의 의도와는 전혀 다른 방식으로 왜곡할 수 있다는 사실이다. 만일 인간이 영원히 살 수 있게 된다면, 그 영원한 생명을 가지고 하나님의 창조 질서를 파괴하고 방탕과 타락으로 더럽힐 것을 하나님은 미리 알고 계셨던 것이다.

비단 노아 시대뿐일까?

우리가 살아가고 있는 이 시대와 그 속에서 만들어지고 사라져 가고 있는 문화들을 보자. 아마도 노아의 시대처럼 현대인들의 죄악이 세상에 가득 차 있다는 것을 느낄 수 있을 것이다. 예술의 이름을 빌려 TV와 영화 그리고 온갖 종류의 뮤직비디오와 같은 매스미디어를 통해서 생산되는 내용물들이 타락한 남녀 간의 사랑과 성적 도착을 그리고 있으며, 역기능적이고 도저히 받아들일 수 없는 근친상간을 당당히 토해 내고 있다. 왜곡된 관계에서 벌어지는 남녀의 벌거벗은 육체가 버젓이 스크린에서 춤을 추고 있다. 어디 이뿐인가? 현대 가족은 부부, 부모, 형제간의 관계 해체 현상이 급속히 진행되고 있어, 제어할 수 없는 다양한 유형의 가족과 결혼 형태를 만들어 내고 있다.

청교도 정신으로 역사를 이루어 가고 있다는 미국에서는 성도의 집에 모여 성경공부만 해도 법의 이름으로 벌금과 징역형을 살아야만 한다. 학교와 공공기관에서는 기독교와 관련된 의식들을 금한 지 이미 오래다. 그 어느 시대보다도 발달된 기계 문명 시대에 살고 있기에, 어떻게 보면 인간의 자유와 이성이 무한대의 자유로움을 향유하고 있다는 착각 속에 빠져들기 쉽다. 하지만 실상은 세상이 계획하고 만들어 내는 것들은 오직 인간만의, 인간의 즐거움과 편리만을 목적으로 하는 한, 그러한 모든 계획들로서 하나님 보시기에 악한 것일 뿐이다. 하나님을 잃어버린 시대, 인간의 창조 목적과 의미를 더 이상 기독교적으로 바라보지 않는 이 시대는 그래서 더욱더 악할는지 모른다.

죄악으로 한탄하시는 하나님

인간의 쾌락과 탐욕으로 가득한 노아의 시대에 하나님은 사람 지으심을 한탄하시고 마음에 근심하셨다. 하나님의 말씀을 어기고 뱀의 유혹에 휘말렸던 아담과 하와, 자신의 친동생인 아벨을 죽였던 가인, 이들의 범죄에도 불구하고 하나님은 사람을 비롯한 이 세상을 창조하신 것에 대해서 후회하시지 않았다. 그러나 갈수록 선보다 악한 것들이 세상에 팽배해지자 땅 위에 사람 지으신 것을 한탄하시는 장면이 본문 6절에 나온다. 하나님이 마음에 근심하셨다는 것을 볼 때, 노아 당시 사람들이 얼마나 악하고 하나님을 잊고 살았는지를 알 수 있다.

하나님은 바로 지금, 이 세상을 보시고 어떻게 느끼시고, 무슨 말씀을 하고 싶으실까? 아마도 노아 당시의 죄악상보다 더 잔인하고 철저하게 악에 물든 사람들을 보시고 한탄하시지 않을까? 특별히 우리가 잊지 말아야 할 것은, 하나님이 이 세상을 바라보시면서 근심하시고 한탄하신다면, 그 이유 중 하나는 바로 교회와 목회자를 비롯한 크리스천들의 타락 때문이라는 사실이다. 이 땅 위에서 하나님을 기억하고, 하나님의 말씀에 순복하여 세상을 변화시켜야 할 책임과 사명이 있는 교회와 크리스천들이 오히려 이 세상의 문화와 가치관에 물들어 마땅히 해야 할 말을 못하고 갈 길을 제시하지 못하고 있는 것이다.

크리스천들이 하나님의 말씀 위에 제대로 서서 건강한 사고방식과 기독교적인 가치관을 키워 간다면, 적어도 그들 자신이나 그들의 가정은 하나님의 창조 질서에 합당한 모습으로 당당하게 빛과 소금의 역할을 감당할 수 있을 것이다. 그러나 많은 크리스천들과 그들의 가정 역시 부부와 부모와 자식 간의 폭행과 상처와 고통과 성폭행 그리고 근친상간의 유혹에서 벗어나지 못하고 있다. 그들 역시 여전히 자살의 미혹을 이기지 못해 실행에 옮기고 만다. 돈과 명예와 섹스의 깊고도 달콤한 유혹을 뿌리치지 못하고 있는 것이다.

하나님의 한탄, 하나님의 절망

하나님은 이런 세상 풍조와 인간들의 퇴폐함에 신물을 느끼신 나머지, 지으신 모든 것을 지면에서 몽땅 쓸어 버리고야 말겠다는 결심을 굳히신다. 하나님이 얼마나 마음이 아프고 괴로우셨으면, 사람뿐만이 아니라 가축과 기는 것과 공중의 새까지 모두 쓸어 버리겠다고 하셨을까? 이것은 어쩌면 하나님의 분노라기보다는 절망이라고 표현해야 할 것이다. 인간의 탐욕과 욕정에 따라 행동하는 추한 환락의 모습을 지켜보아야만 하는 하나님의 마음, 이것은 분명 절망이었을 것이다. 하나님이 어떻게 절망을 느끼실 수 있느냐고 반문할 수도 있겠지만, 하나님이 절망하실 수 없다면 어떻게 분노하시며 한탄하실 수 있겠는가?

오늘 이 시대를 살아가는 우리에게 필요한 것은 교회의 부흥을 위한 열정과 함께, 이 시대의 타락과 음탕과 방탕과 살인과 불의라는 조류 속에서 절망하시는 하나님의 마음을 느낄 수 있는 '믿음의 공감' 임을 역설적으로 말하고 있다. 오늘 이 시대를 살아가는 크리스천들에게 반드시 필요한 것이 있다면, 바로 하나님 아버지의 마음을 '함께 품으며' 살아가는 것이다.

의식이나 의례도 중요하지만, 무엇보다도 하나님을 기쁘게 하는 것은 매순간 하나님의 창조 섭리를 깊이 인식하고 하나님께 영광 돌리는 삶이다. 그리고 하나님에게 영광을 돌리는 삶이란, 우리 삶의 현장에서 나 자신과 타인과의 관계 속에서 선하신 하나님의 계획을 이루어 드리며, 창조의 목적대로 아름답고 선한 세상을 만들어 가는 것이다.

노아, 생명의 보존을 위해 남겨 놓으신 자

우리는 하나님의 선하신 뜻을 묵묵히 변함없이 따르며 살아가던 한 사람을 만나게 된다. 그의 이름은 바로 노아이다. 그는 하나님께 은혜를 받은 자라고 성경은 말하고 있다. 이 얼마나 뜻 깊고 의미 있는 말인가? 하나님은 땅 위의 모든 생명체들을 멸하기로 작정하시면서도, 노아 한 사람만큼은 살려 두기로 하신다. 그러기에 하나님께 은혜를 입은 자라고 말하기에 조금도 부족함이 없는 것이다.

하나님께 은혜를 받은 자, 우리 각자도 그런 사람으로 살고 있는지 생각해 보자. 아무리 악하고, 추하고, 말초적 자극만 갈망하는 시대에 살고 있다 해도 하나님은 은혜를 입은 자를 남겨 두셔서 사용하신다.

노아는 분명 당시 사람들과는 다른 자아관과 인생관을 가지고 있었을 것이다. 더 나아가 그 시대의 사회와 문화와 관습을 바라보는 시각 역시 매우 남달랐을 것이라는 사실을 어렵지 않게 상상할 수 있다. 다른 사람들의 눈으로 볼 때 노아는 시대의 흐름을 거스

르며 살아가고 있었을 것이다. 그저 마음에 든다면 아무 여자나 아내로 삼을 수 있고, 하나님을 잊어버리고 자기들만의 세상에 도취되어 살아갔을 동시대의 사람들과는 다른 삶의 방식을 택한 노아는, 마치 이방인 취급을 받았을 것이다.

노아처럼 이 시대의 크리스천들도 세상 사람들에게 답답하고 꽉 막혀 있으며 즐거움도 누리지 못한 채 어리석은 기독교 교리에나 빠져 있는 한심한 부류의 사람들로 여겨질지 모른다. 그러나 이 시대의 크리스천이란 하나님을 신뢰하며, 하나님만을 갈망하고, 하나님을 아는 지식을 가장 고상하게 여기며, 이 혼탁한 세상을 바로잡기 위해 적극적으로 빛과 소금의 자리로 나아가는 사람들을 의미한다. 세상과 같은 길을 걷지 않지만, 이 세상 밖에 사는 것이 아니라, 세상 안에서 악한 것들에 얽매이지 않고 저항하며 변혁해 가는 역동적인 삶을 살아갈 때, 우리 역시 여호와께 은혜를 받은 자로서의 소명을 당당하게 누리며 살아가게 되리라 믿는다.

힐링의 사색을 위한 키워드

죄악으로 가득한 세상. 성적 타락. 하나님을 망각함.

사람의 생각의 악함. 벌거벗은 세상 문화. 하나님의 한탄과 절망.

세상에 물든 크리스천. 세상 심판. 믿음의 공감.

노아–생명의 보존. 하나님께 은혜 받은 자.

| 10 | 창 6:9-22

하나님과 동행하는 삶, 부패와 악이 가득함

말씀 읽기

"이것이 노아의 족보니라 노아는 의인이요 당대에 완전한 자라 그는 하나님과 동행하였으며 세 아들을 낳았으니 셈과 함과 야벳이라 그때에 온 땅이 하나님 앞에 부패하여 포악함이 땅에 가득한지라 하나님이 보신즉 땅이 부패하였으니 이는 땅에서 모든 혈육 있는 자의 행위가 부패함이었더라 하나님이 노아에게 이르시되 모든 혈육 있는 자의 포악함이 땅에 가득하므로 그 끝 날이 내 앞에 이르렀으니 내가 그들을 땅과 함께 멸하리라" (창 6:9-13).

묵상하기

바로 앞장에서 살펴본 것처럼 노아는 하나님의 은혜를 입었다. 그것도 아주 많이 입은 사람이다. 하나님이 온 세상을 싹 쓸어 버리시는 과정에서 유일하게 살려 두신 사람이기 때문이다. 그렇다면 노아는 과연 어떤 사람이었기에 하나님의 은혜를 입은 오직 한 사람이 되었을까? 본문은 노아에 대해서 세 가지로 설명하고 있다. 즉 의인이었고, 당대에 완전한 자였고, 하나님과 동행한 사람이었다는 것이다.

여기서 우리는 노아가 의인이었고 완전한 자였다는 것만 알 뿐이고, 보다 구체적으로 노아가 어떻게 살았기에 그러한 평가를 받았는지에 대해서는 자세히 알 수가 없다. 하나님의 음성을 직접 듣고 대화를 나누지 못하는 나로서는 이 점이 못내 아쉬울 뿐이다. 좀 더 구체적으로 그의 삶을 만날 수 있다면, 세속화와 인간화와 기계화와 물욕에 찌든 이 세상을 살아가는 우리에게 보다 더 현실적인 지혜를 줄 수 있지 않을까 하는 여운이 생긴다.

노아, 하나님과 동행한 사람

노아가 의인이요 완전한 자가 될 수 있었던 이유는, 아무래도 하나님과 동행하는 삶을 살았다는 말씀에서 유추해 볼 수 있을 것 같다. 그가 의인이었다거나 완전한 자였다는 것도 중요하지만, 무엇보다도 하나님과 동행하는 삶을 살았다는 것이 오늘 우리에게 시사해 주는 바가 더 크다고 할 수 있다.

하나님과 동행한다고 할 때, 이 말은 여러 각도에서 이해할 수 있다. 사람들은 저마다 삶의 현장에서 하나님을 다르게 만나며 경험하고 알아가기 때문이다. 그러나 한 가지 분명한 사실은, 하나님과 동행한다는 것은 하나님을 신뢰하지 않고서는 가능하지 않다는 것이다. 하나님께서 살아 계시고, 나를 붙드시고, 인도하시며, 내 삶 속에 선한 계획을 가지고 계심을 신뢰하는 것이다. 비록 그 계획이 무엇인지 확실하고 분명하게 알지 못한다고 할지라도 말이다.

방주를 지으라는 하나님의 명령을 받기 전까지 노아가 어떻게 하나님과 동행하였는지, 그리고 어떻게 그의 삶 속에서 하나님을 신뢰하며 살아갔는지 우리는 구체적으로 알지 못한다. 하지만 명령을 받은 이후에 노아가 행한 모습에서 어렴풋하게나마 짐작할 수 있다.

그가 하나님께 받은 명령은 상식적으로 받아들이기 어려운 것이었다. 주위 사람들은 먹고 마시고 취하며 살아가고 있을 때, 노아는 세상을 멸하겠다는 하나님의 음성을 듣고 방주를 만들기 시작했다. 뿐만 아니라 모든 절차들을 하나님이 명하신 대로 정확히 실행하였다. 그것도 당장에 임할 심판을 위해 배를 만든 것이 아니라, 적어도 50년에서 100년 가까운 오랜 기간 동안 배를 만들며 하나님의 때를 기다렸다. 분명히 노아는 주위 사람들의 비난과 조소와 조롱거리가 되었을 것이다. 노아를 주제로 한 조크나 신조어가 만들어졌을지도 모를 일이다.

과연 무엇이 수십 년이라는 결코 짧지 않은 시간 동안 노아가 배를 만드는 일을 중도에 그만두지 않도록 한 것일까? 우리는 하나님의 신실하심에 대한 노아의 깊은 신뢰에서 그 답을 찾을 수 있다. 노아는 하나님께서 이 세계를 다스리시며 주관하신다는 믿음을 견고하게 지켰던 것이다.

그러나 노아가 하나님을 신뢰하는 삶을 살아갔다는 것을 당연하게 여겨서는 안 된다. 그가 그 시대에 의인이었고 완전한 자였기에 하나님과 동행한 것은 매우 자연스럽고 그리 놀랄 만한 일이 아니라고 생각한다면, 우리는 노아의 이야기로부터 그리 많은 것을 배울 수 없다. 오히려 그가 하나님과 동행하는 삶을 살아갔기 때문에 성경은 그를 의인이요 완전한 자라고 묘사했다고 이해하는 것이 더 적절할 것이다.

더 나아가 우리가 굳이 의인이나 완전한 자라고 불릴 필요는 없다. 의인이나 완전한 자는 되지 못할지라도, 우리가 가진 부족함 속에서 하나님과 동행하는 삶을 살아간다면 그것으로 족하기 때문이다. 오히려 세상에는 자칭 의인이요 완전한 자들이 너무도 많이 설치고 다닌다. 전혀 하나님과 동행하는 삶을 살지도 못하면서, 버젓이 성인 행세를 하는 종교적인 거룩한 이들이 너무 많은 것이다. 실수하고, 부족한 인간이기에 때로는 남에게 상처를 줄 수도 있다. 그럴지라도 부족한 자신을 인정하고 하나님께 용서를 구하며 하나님의 도우심을 구하는 삶, 그것이 하나님이 기뻐하시는 모습일 것이다.

절망 속에서도 하나님과 동행한다면

노아의 이야기를 통해서 우리가 붙잡아야 할 교훈은, 바로 21세기를 살고 있는 우리 역시 노아와 같이 하나님과 동행하는 삶을 살 수 있으며, 그렇게 살아가야 한다는 것이다. 때론 힘들고 괴로울 수도 있다. 하나님을 믿고 살아간다는 것이 너무 손해를 보는 것 같아, 그냥 쉽게 세상과 타협하며 살아가고 싶다는 생각이 들 수도 있다.

기독교 상담과 목회상담을 가르치고 연구하며 때로는 직접 상담을 하면서 만나는 사람들 속에서, 하나님을 신실하게 믿으며 동행하는 삶을 산다는 것이 얼마나 어렵고 힘든 일인지를 느끼며 함께 아파하는 순간들이 있다.

한때는 열심히 자신의 미래를 꿈꾸며 살아가다가 전혀 예상치 못했던 일로 인해 시간과 물질을 모두 써 버리고 인생의 방향이 완전히 바뀌어 버린 학생이 있다. 그럼에도 불구하고 하나님의 존재를 확신하며 하나님께 인생의 전부를 걸며, 힘들지만 신실하게 살아가려고 애쓰는 이야기를 들은 적이 있다. 공부도 잘하고 착해서 어디를 가도 자랑스러웠던 아들이, 어느 날 갑자기 불치의 병에 걸려 모든 것이 무너지는 것만 같았던 충격과 실의에 빠진 어느 여집사님 이야기, 아들을 고치기 위해서 엉뚱하게 미국까지 함께 건너가 외롭고 힘든 시간을 보내면서도 하나님의 신실하심을 믿으며, 주어진 환경에서 최선을 다해 살아갔던 그 믿음의 이야기와 함께하기도 했다.

상실과 절망 속에서 넘어지면서도 다시 일어나 힘을 내어 살아가는 사람들의 살아 있는 이야기가 바로 목회상담학 시간에 펼쳐진다. 그리고 자신의 고통과 상처를 보는 동시에, 울고 있는 이웃의 아픔을 외면하지 않기 위해 배우려고 하는 사람, 냄새 나는 이들이 옆에 있음이 너무도 행복하고 감사할 때가 많다.

하나님과 동행하는 삶이 의미하는 것

그런데 여기서 기억해야 할 것은, 하나님과 동행하는 삶 그 자체가 우리에게 고통과 상처와 비탄을 주는 일들로부터 면죄부 역할을 하지는 않는다는 사실이다. 즉 하나님과 동행하는 삶이 주는 기쁨과 유익은, 이 세상을 살아가면서 만나게 되는 고통과 상처와 상실 등을 우리가 긍정적으로 볼 수 있도록 도와주는 것이다. 이것을 놓치게 되면 우리가 하나님과 동행하는 삶을 유지할 수 있도록 도와주는 원동력을 잃어버리게 된다. 이런 이유로 많은 크리스천들이 힘들고 어려운 일을 당할 때, 주위의 같은 크리스천들로 인해 실망하고 시험을 받을 때, 세상이 주는 달콤함에 젖게 될 때 신앙생활에 시큰둥해지고 하나님으로부터 멀어지게 되는 것이다.

힘들고 도저히 이해할 수 없는 일을 만난다 하더라도 우리는 하나님과 동행하는 삶을 포기하지 않아야 한다. 하나님의 신실하심을 믿으며 살아가야 한다. 이 세상 속에서 살아가지만, 결코 이 세상과 동행하지 않는 삶을 살아갈 때 우리와 동행하시는 하나님의 손길을 경험하게 될 것이다.

노아가 방주를 만드는 모습을 보고 주위 사람들은 손가락질을 하고 미친 사람 취급을 했을 것이다. 또 그와 그의 가족들이 여가를 즐길 수 있는 시간들을 전부 방주를 짓는 데 소비하는 것을 보고 사람들은 침을 뱉고 지나갔을 것이다. 미친 집안이라고 비웃으며 노아의 식구들과는 상대도 하지 않으려 했을 것이다. 그럴지라도 노아는 묵묵히 그 긴 시간 동안 하나님이 말씀하신 대로 순종하며 따랐다.

어쩌면 노아 역시 그 시대의 타락과 부패와 하나님을 떠난 인간들의 방탕과 방종을 보았을지도 모른다. 아니, 분명 보았을 것이다. 노아는 하나님을 떠난 사람들이 마음으로 생각하고 계획하는 것들의 악함을 볼 수 있는 믿음의 눈을 가지고 있었음에 틀림없다. 21세기를 살아가는 오늘의 크리스천에게 필요한 것은 바로 시대를 볼 수 있는 '노아의 눈'이라고 생각한다. 노아가 살았던 시대상과 오늘 우리가 살아가고 있는 이 시대의 모습이 그리 다르지 않다는 것에 주목할 필요가 있다. 12절을 보면, 하나님이 보신즉 땅이 부패하였으니 땅에서 모든 혈육 있는 자의 행위가 부패했다고 말씀하고 있다.

하나님의 부르심과 목소리에 너무도 둔감해져 있는 이 땅의 많은 교회들과 크리스천들, 집회나 전도를 막는 세상의 법조항들, 전쟁과 굶주림, 지구 온난화와 환경오염, 핵발전소와 방사능, 일부일처제에 대한 변종 결혼체계의 도전, 동성애와 양성애자 그리고 성전환자 등을 둘러싼 성 정체성에 대한 인본주의적인 해석, 자살과 성폭력과 학교 폭력 등 우리가 살아가고 있는 거의 모든 분야에서 나타나고 있는 급격한 '해체' 현상들을 바라보고 있노라면 저절로 부패와 죄악을 떠올리게 된다.

이 부패하고 타락한 세상 문화와 풍조가 만드는 가치관에 굴복하여 탐닉하기보다, 힘껏 저항하여 하나님과 동행하는 삶을 살아감으로 승리하는 크리스천들이 되기를 소망한다.

힐링의 사색을 위한 키워드

땅의 부패. 혈육 있는 자의 포악함. 하나님과 동행하는 삶.
하나님을 신뢰. 견고한 믿음. 절망 속에서 하나님과 동행.
넘어져도 다시 일어남.
하나님과의 동행 속에서 오는 고통과 상처와 비탄.
포기하지 않음. 노아의 눈. 세상 풍조에 저항.

| 11 | 창 9:1-17

무지개, 하나님의 언약과 회복의 상징

말씀 읽기

"내가 너희와 언약을 세우리니 다시는 모든 생물을 홍수로 멸하지 아니할 것이라 땅을 멸할 홍수가 다시 있지 아니하리라 하나님이 이르시되 내가 나와 너희와 및 너희와 함께하는 모든 생물 사이에 대대로 영원히 세우는 언약의 증거는 이것이니라 내가 내 무지개를 구름 속에 두었나니 이것이 나와 세상 사이의 언약의 증거니라"(창 9:11-13).

묵상하기

밤낮없이 무려 40일 동안 퍼붓던 비가 마침내 그쳤다. 비는 그쳤지만 불어난 물로 인해 땅은 150일 동안 잠겨 있어야만 했다. 이 세상 모든 것들, 오직 방주 안에 있는 노아의 가족과 동물들을 제외하고는 하나님이 지으신 이 세상의 모든 생물들이 지면에서 깨끗이 사라졌다. 쥐 죽은 듯이 깊은 고요함만이 세상천지를 뒤덮고 있었다. 진멸

당하기 전까지 마치 영원할 것처럼 흥청망청 먹고 마시며 놀던 인간들의 타락과 방종과 음습한 정욕의 찌꺼기들이 모두 사라져버린 것이다. 그 무엇도 하나님의 분노와 심판 앞에서 저항할 수 없었다.

하나님의 분노

분명 하나님은 자신이 창조하신 모든 사람과 생명체들을 온 지면에서 모조리 쓸어 버리고자 결심하실 정도로 인간들에게 분노하고 계셨다. 노아의 사건에서 나타난 하나님의 분노는 어쩌면 아담과 하와 그리고 가인의 살인사건 이후에 세 번째로 경험하시는 것이었는지도 모른다.

절대로 먹어서는 안 된다는 하나님의 명령을 어기고 뱀의 유혹에 넘어가 선악과 열매를 따 먹은 아담과 하와, 하나님은 그들을 에덴 동산에서 추방하는 선에서 일을 마무리하신다. 그리고 인간에게 살 거처를 마련해 주신다. 물론 에덴 동산에서 누렸던 물질적, 시간적, 관계적, 영적인 자유함을 아담과 하와는 상실하게 되었다. 이제는 척박한 땅을 일구며 그들의 힘으로 살아가야만 했다.

아담과 하와가 에덴 동산에서 추방당한 후 낳은 아들들인 가인과 아벨, 선악을 알게 된 인간은 선악과 더불어 모욕과 수치, 분노와 억울함, 자존감과 복수 등에 대해서도 알게 되었다. 가인은 시기로 말미암아 친동생인 아벨을 죽인다. 인류 최초의 살인이 시작된 것이다. 하나님의 형상으로 만들어진 인간이 같은 인간을 죽이겠다는 생각을 행동으로 옮긴 것은, 하나님으로서는 도저히 상상조차 할 수 없는 일이었다.

하나님께서는 아담과 하와 그리고 가인의 범죄을 보시면서도 인간의 창조에 대해서 후회하지 않으셨다. 그들의 죄악에도 불구하고 계속해서 기회를 주셨던 것이다. 그런 하나님께서 노아의 시대에 마침내 인간에게 분노하신 것이다. 분노와 비탄으로 인해 하나님이 창조하신 이 세상의 모든 것들을 다 쓸어 버리신 것이다.

하나님의 분노와 비탄은 인간의 죄악, 특히 그들의 생각과 계획이 모두 악하기 때문이었다. 하나님께서 노아 시대의 사람들을 전멸시키신 것은 그들의 생각의 악함, 그것은 바로 하나님을 부인하고 멸시하며 하나님의 말씀을 따르기보다 하나님을 떠나 인간들의 이익과 쾌락, 인간만을 위한 문화와 문명을 만들었기 때문이다.

하나님의 분노에 대한 오해

여기서 우리가 조심해야 할 것은, 상처와 아픔을 당한 사람들이 흔히 그러한 것들을 자신을 향한 하나님의 저주 혹은 분노나 처벌로 받아들이기 쉽다는 것이다. 그래서 모든 실패와 좌절을 하나님과 연결시키는 잘못을 저지른다. 이러한 왜곡된 믿음 때문에, 신앙을 가진 사람들이 오히려 마음의 회복과 치유가 쉽지 않은 경우를 자주 경험하게 된다. 자신의 믿음의 약함을 탓하고 더 많이 기도하고 더 많이 말씀을 읽으면 문제들이 해결될 것이라는 믿음을 가지는 것이다. 만일 우리가 당하고 있는 고난과 절망을 모두 하나님과 관련시킨다면, 우리는 영영 해결점을 찾지 못하게 된다. 삶은 더 헝클어지고, 더 나아가 하나님의 존재를 부인하는 데까지 이를 수 있다.

물론 하나님이 특별한 계획이 있으셔서 우리를 다루시는 하나의 방법으로 시련과 고난을 주실 수도 있음을 부인할 수는 없다. 하나님은 실로 매우 다양한 방법으로 우리를 이끄시며 우리와 관계를 맺으시기 때문이다. 그럼에도 불구하고 많은 경우 우리가 부딪히는 문제들과 상처와 좌절들을 모조리 자신의 잘못에 대한 하나님의 처벌로 받아들일 필요는 없다는 것이다.

오히려 악한 계획과 생각을 하는 타인과 이 시대의 문화와 시대 흐름에 의해서 절망과 좌절을 겪게 되는 경우가 많다. 아울러 자신의 잘못된 선택과 욕심과 이 시대 풍조를 따라가기 때문에 어려움을 겪게 되는 것이다. 바로 이런 이유로 인해 신앙의 성장과 성숙이 무엇보다도 중요한 시대에 우리는 살고 있는 것이다.

따라서 상처받은 크리스천들이 치유를 위해서 무엇보다도 필요한 것은 하나님이 내리시는 처벌과 심판이라는 두려움에서 해방되는 것이다. 하나님은 두려운 분, 나를 처벌하시는 분, 자기 자신만을 위하는 이기적인 분이시라는 오해에서 벗어나야 한다. 하나님은 자신을 찾는 자의 울부짖음을 외면하지 않으신다. 간절히 자신의 이름을 부르며 도움을 구하는 자를 돌보시는 분이시다. 다만 중요한 것은 우리의 생각과 계획이 하나님의 길에서 벗어나지 않는 것이다. 하나님께서 우리에게 보이시는 생명의 길을 신실하게 따라간다면, 삶 속에서 부딪히는 절망과 좌절에 굴복하거나 하나님을 두려워할 이유가 없을 것이다.

희망과 회복의 하나님을 기억하자

하나님은 이 땅의 모든 것을 쓸어 버리시고는, 이제 노아와 그의 아들들과 언약을 맺으신다. 바로 회복의 언약이다. 하나님은 아담과 하와에게 하신 말씀을 그대로 다시 하신다. "생육하고 번성하여 땅에 충만하라." 하나님께서는 노아와 그의 가족들이 이 땅 위에서 생명의 주인이신 하나님을 경외하며 번창하게 잘 살아가기를 원하신 것이다. 땅 위의 모든 생명을 멸하신 하나님이 홍수 후에 다시 노아의 가족과 세우시는 회복의 언약은, 오늘 이 시대를 살아가며 상처받고 절망하고 있는 크리스천들에게 커다란 위로가 된다.

홍수를 일으켜 땅을 쓸어 버린 처벌의 하나님의 이미지보다 홍수를 통하여 인간의 부패와 타락을 없애시고, 다시 노아와 그의 가족을 통하여 회복의 사역을 일으키시는 하나님의 이미지가 믿음으로 일어서려고 하는 이들에게 더 소중한 힘이 된다.

지금도 상처 받고 절망 가운데 있는 사람들이 좌절 속에서 헤매다가 다시 일어설 수 있는 이유는, 바로 그러한 하나님을 건강하게 만났기 때문이다. 죄악으로 물든 이 세상을 하나님께서 방관만 하고 계시는 것 같지만, 다시 심판하실 거라는 사실에 하나님께서 함께 아파하고 분노하시며 비통해하시는 것이다. 그리고 이 죄악된 세상에서 믿음으로 살아가며 절망을 이겨내고 있는 하나님의 백성들에게, 회복의 기쁨을 주실 거라는 희망을 갖도록 도우시는 하나님이 함께하신다는 믿음이다. 이 믿음이 있기에 돈과 명예의 욕망, 난잡한 섹스 문화의 질펀함에도 물들지 않을 수 있으며, 아이들을 성적순으로 세우려는 일등주의에도 초연할 수 있는 것이다. 또한 남보다 더 큰 힘을 갖고 그들을 짓밟으려는 파괴적인 힘의 유혹에도 저항할 수 있게 된다.

반면에 크리스천 내담자 중에서도 절망과 자기 파괴라는 어두움에서 쉽게 헤어나지 못하고 있는 경우를 안타깝게 목격하게 된다. 오랫동안 억눌림과 폭행과 절망으로 인해 내면화된 자신의 삶에 대한 두려움을 쉽사리 떨쳐 버리기 어려운 것이다. 오랫동안 신앙생활을 해오면서 하나님께 눈물로 기도도 해보고 말씀도 열심히 읽지만, 그럼에도 불구하고 두려움과 공포와 절망과 좌절 속에서 자유롭기가 너무 힘겨운 것이다.

무너져내리는 순간, 무지개를 기억하자

나의 삶이 무너질 것만 같은 순간에도 기억해야 할 것은 벌 주시는 하나님이시기 전에, 노아에게 회복의 언약을 주신 하나님이 우리에게도 회복을 약속하셨다는 것이다. 이 세상을 회복하신 하나님께서 어둠 가운데 허우적대는 우리의 삶을 빛으로 인도해 주실 것이다. 노아의 방주 안에 새로운 세상을 만드시는 데 사용할 생명을 모아두신 것처럼, 우리의 삶 속에도 늘 희망의 가능성을 남겨 두신다는 것이다.

광야 같은 이 세상을 살아가는 데 있어서 우리에게 더욱 힘이 되는 것은 하나님께서 무지개를 만드셨다는 것이다. 노아를 위로하기 위해서 이제 다시는 홍수로 멸하지 않겠다고 말씀하신 것이 아니라, 회복의 언약의 증거로 구름 속에 하나님의 무지개를 주신 것이다.

> "내가 내 무지개를 구름 속에 두었나니 이것이 나와 세상 사이의 언약의 증거니라 내가 구름으로 땅을 덮을 때에 무지개가 구름 속에 나타나면 내가 나와 너희와 및 육체를 가진 모든 생물 사이의 내 언약을 기억하리니 다시는 물이 모든 육체를 멸하는 홍수가 되지 아니할지라 무지개가 구름 사이에 있으리니 내가 보고 나 하나님과 모든 육체를 가진 땅의 모든 생물 사이의 영원한 언약을 기억하리라"(창 9:13-16).

하나님은 무지개를 만드셨을 뿐만 아니라, 그것을 보고 영원한 언약을 기억하겠다고 말씀하신다. 모든 만물들을 폐하신 하나님이지만, 이제 다시는 모든 육체를 멸하는 홍수를 일으키시지 않겠다는 약속을 영원히 기억하시겠다는 것이다.

언약을 하시고 그 언약을 기억하시겠다는 신실하신 하나님이 오늘 우리의 아픔과 울부짖음을 듣고 계실 것이다. 우리에게 어둠과 죄악의 세력이 물밀듯이 치고 올라와 우리의 생각과 계획, 그리고 심령을 더럽고 추악하게 만들려고 할 때마다 언약을 기억하시는 하나님을 바라보자. 이것이야말로 그 어느 인간적인 상담심리치료나 상담이론보다 더 강력하고 깊이 있는 위로와 용기를 우리에게 주는 것이라 믿는다.

힐링의 사색을 위한 키워드

세상을 진멸하심. 홍수. 하나님의 분노와 한탄. 탐욕 문화.
잘못된 선택. 희망과 회복의 하나님. 회복 언약. 절망과 자기파괴.
무지개를 기억하자. 희망과 가능성.

| 12 | 창 12:10-20

하나님께 물어보고 가라

말씀 읽기

"그 땅에 기근이 들었으므로 아브람이 애굽에 거류하려고 그리로 내려갔으니 이는 그 땅에 기근이 심하였음이라 그가 애굽에 가까이 이르렀을 때에 그의 아내 사래에게 말하되 내가 알기에 그대는 아리따운 여인이라 애굽 사람이 그대를 볼 때에 이르기를 이는 그의 아내라 하여 나는 죽이고 그대는 살리리니 원하건대 그대는 나의 누이라 하라 그러면 내가 그대로 말미암아 안전하고 내 목숨이 그대로 말미암아 보존되리라 하니라"(창 12:10-13).

묵상하기

아브람이 애굽으로 내려가서 겪은 일이 등장한다. 바로 앞부분인 12장 1-9절에서는 하나님의 말씀을 믿고 아버지의 땅을 떠난 아브람의 이야기가 나오며, 바로 뒤에서는 애굽에서 나와 조카 롯과 헤어지는 아브람에게 임하시는 하나님의 축복의 언약들을 볼 수 있다. 12장 10-20절은 '기근으로부터 살아남기 위해서 애굽으로 내려간 아브람과 사래(10절) - 아브람의 계책(11-13절) - 애굽에 이르러 애굽 사람들을 속임(14-16절) - 여호와의 노하심과 애굽을 떠나는 아브람(17-20절)' 의 구조로 되어 있다.

삶의 어려움을 만났을 때

이 본문에서 아브람은 삶의 위기에 처했을 때 나타나는 인간적인 약점들을 여실히 드러내고 있다. 약속의 땅에서 살고 있던 아브람은 기근이 닥치자, 자신을 그 땅으로 인도하셨던 하나님께 묻거나 뜻을 구하지 않고 먹을 것이 있는 애굽으로 내려갈 것을 결정한다. 더군다나 자신의 아내인 사래의 미모 때문에 자신의 목숨이 위험해질 것을 염려한 나머지 아내를 누이라고 속이기까지 한다. 이 일로 인해 결국 바로가 사래를 취하게 되어 여호와의 화를 입게 되며, 다시 애굽에서 나오게 된다. 애굽은 그에게 안전한 장소, 약속의 땅이 아니었다.

삶의 어려움과 위기가 닥쳤을 때 사람들은 두려움과 불안을 느낀다. 이것은 매우 자연스럽고 이해할 만한 심리적, 감정적 현상이다. 경제적 위기나 신체적 질병 혹은 관계적인 어려움과 상실을 겪게 되면 누구나 좌절감과 상실감의 고통에 빠지게 된다. 그러나 그러한 모습이 하나님을 신뢰하지 않는다는 잣대로 사용될 수는 없다. 믿음이 없다거나 신앙생활을 제대로 하지 않았기 때문에 받는 벌이라고 비판할 수 없다는 말이다.

가나안 땅에 기근이 들었다. 먹을 것이 없어 죽을 위기에 처해 있던 아브람은 애굽에 내려가기로 마음먹었다. 기근이라는 큰 어려움에 봉착했을 때, 먹을 것을 찾기 위해 애굽으로 내려가려는 생각은 이해할 수 있다. 그러나 가나안에서 애굽으로 거주지를 옮기는 것은 그리 간단한 일이 아니다. 물론 나중에 다시 가나안으로 돌아올 수 있을 것이다. 그렇다 하더라도 삶의 근거지를 바꾸는 일이었다. 더군다나 아브람이 75세에 하란을 떠나 가나안으로 떠나온 것은 자신의 뜻이 아니라 하나님의 말씀을 믿고 나아왔던 것이다.

다만 여기서 아브람이 실수한 것은 하나님께 묻지 않았다는 것이다. 하나님의 뜻을 구하면서 애굽으로 내려갔더라면, 그 후의 일이 달라질 수 있었을 것이다. 뒤에 나오겠지만, 아내 사래를 바로의 아내로 삼게 하는 비겁한 일을 저지르지 않아도 되었다는 말이다. 너무도 당연하게 보이는 결정들이 자칫 우리의 삶을 돌이킬 수 없는 방향으로 흘러가게 할 수도 있다.

불안과 좌절과 깊은 절망이 찾아올 때, 일단은 당장의 문제를 해결하기 위해서 눈에 보이는 인간적인 모든 수단과 방법들을 사용하곤 한다. 합리적이고 타당하다고 생각하는 것들을 더 의지하기가 쉬운 것이다. 그러나 때로는 이성적이고 합리적인 선택들이 오히려 더 큰 실패와 문제들을 야기할 수 있음을 알아야 한다. 비록 단기적으로는 아무런 문제 해결도 가져다줄 수 없을 것 같아도 하나님께 묻는 작업을 쉬지 않아야 한다.

이렇게 말하면 사람들은 종종 다음과 같은 반응을 보인다. “기도요? 기도해 봐도 되는 일이 아무것도 없던데요”라거나 “하나님이 계시기는 하나요? 정말 내 기도를 듣고 계신가요?” 혹은 “이런 일로 하나님께 기도할 수 있나요? 일단 제가 하는 데까지는 해봐야지요”, “일단 제가 할 수 있는 일들이 좀 있으니 처리해 놓고 기도해 보죠” 등의 반응이다.

물론 힘들고 어려운 일을 만날 때, 아무 일도 하지 않고 무조건 기도만 하고 있는 것도 합당한 모습이라고 할 수 없다. 그러나 자신이 할 수 있는 것을 지혜롭게 살피는 한편, 끊임없이 하나님의 인도하심을 구해야 한다. 하나님이 간섭하셔서 우리가 올바른 판단을 내릴 수 있도록 말이다. 어처구니없는 방법과 길을 선택하여 돌이킬 수 없는 낭떠러지로 떨어지는 잘못을 범하지 않도록 하나님의 인도하심을 알 수 있는 지혜를 구해야 한다.

우리 삶에 기근이 임했을 때 우리는 심한 갈증을 느낀다. 그래서 성급하게 물을 구하려고 한다. 식량을 구하려고 한다. 그러나 물과 식량을 어떤 방식으로 어떻게 구해야 하는지도 매우 중요하다. 그러므로 지금 내가 가진 것들이 문제를 해결해 줄 것이라고 믿고 있을지라도 하나님께 물어보고 가야 한다. 하나님께 묻지도 않고 기근이 들었으니 식량을 구하러 애굽으로 가는 것은 당연한 일이고, 이치에 맞는 일이라고 생각한 아브람은, 그 결과 두 번째 잘못을 범하게 된다.

사래, 아브람의 안전판 될 수 없어

애굽에 가까이 이르자 아브람은 아내 사래에게 "그대는 나의 누이라 하라. 그러면 내가 그대로 말미암아 안전하고, 내 목숨이 그대로 말미암아 보존되리라"고 말한다. 아브람은 자신의 신변의 안전과 목숨의 보존을 사래에게 의지하고 있다. 하나님의 보내심을 받아 가나안으로 이주한 후, 제단을 쌓으며 하나님과 친밀한 교제를 이루어 갔던 것과는 아주 다르게 약해진 인간 아브람의 모습을 보게 된다.

아브람은 도대체 하나님이 아닌 같은 인간이자 아내인 사래가 어떻게 자신의 삶과 목숨을 보전해 줄 수 있을 거라고 믿었던 것일까? 하나님의 지시하심을 받지 않은 채 애굽으로 간 아브람은 그 후의 삶 역시 하나님을 의지하지 못하고 사래에게 맡기고 있다. 아브람은 자신을 하란에서부터 불러내어 "네 이름을 창대케 하리라"고 하신 하나님을 신실하게 붙들지 못했다.

우리도 이럴 때가 흔히 있다. 우리도 사래와 같은 '아름답고 매혹적인 것'을 가지고 있을 것이다. 마치 그것들이 나를 살리고 나를 영원히 행복하게 해줄 것이라는 착각 속에서 살아간다. 사래가 아름답지 못했더라면 아브람은 자신의 위협을 걱정할 필요가 없었을지도 모른다. 그녀가 아름다웠기 때문에 자신의 신변을 염려했으며, 사래의 아름다움이 결국 자신을 보호해 주는 바람막이가 될 수 있을 거라고 믿었던 것이다.

이 땅에서 숨을 쉬며 살아가는 우리도 사실 아브람과 별반 다를 바 없는 본성을 가지고 있다. 어떤 이는 돈과 명예, 다른 이는 언변과 미모와 술수, 또 다른 이는 재능과 학력일 수 있다. 이러한 것들이 우리에게 영원한 버팀목이 될 수 있을 거라고 믿으며 살아가고 있고, 그렇기에 그런 것들을 상실했을 때 아파하고 비통해하며 분노하는 것이 아닐까? 그리고 그것들을 잃어버리지 않으려고 아등바등 살아가고 있는 것이 아닐까? 그러는 사이 자신의 몸과 마음이 멍들고 아파하는 것은 미처 깨닫지 못하는 것이다.

끝까지 붙드시는 하나님과 함께하라

아브람의 목숨과 생명은 사래 때문에 보존되는 것이 아니라, 하나님의 도우심과 인도하심으로만 가능하다. 자신의 아내를 누이라고 속여 반대급부로 양과 소와 노비와 암수 나귀와 낙타를 얻었음에도 불구하고, 그것이 아브람의 미래를 보장해 줄 수는 없는 법이다. 아브람은 일이 잘 진행되고 있다고 생각했을 것이다. 신변이 안전할 뿐만 아니라 양과 소와 노비와 암수 나귀와 낙타까지 얻게 되어 기근에서도 벗어나게 되었다. 그냥 그렇게 살아가면 좋았을 것이다.

그러나 하나님의 인도하심 없이 우리의 생각과 계획만으로는 이 세상 그 무엇도, 그 어디에서도 결코 안전함을 누릴 수 없다. 이 사실을 우리 마음속에 깊이 새길 수 있다면 이 세상을 살아가면서 만나게 되는 위기와 상처와 불안과 좌절과 공포와 절망 속에서도 자기 파괴적인 삶을 살아가지 않을 것이다. 더불어 쉬 사라지는 약한 모래와 같은 것들에 우리의 삶을 내맡기지 않을 것이다.

절망하고 상처받은 영혼들에게 가장 큰 위로와 치유가 되는 것은, 하나님의 계획은 신실하고 영원 불변하시다는 것이다. 17-20절을 보면, 아브람의 인간적인 선택과 죄에도 불구하고 하나님께서는 아브람을 끝까지 붙드셔서 애굽에서 나올 수 있도록 도우신다. 하나님의 뜻과는 관계없이 본인의 결정과 판단에 따라 내려간 그곳에서도 하나님께서는 그를 찾으신다. 그가 애굽에 머무는 것은 하나님의 뜻이 아니었다.

안락한 곳이었을 애굽, 하나님은 아브람에게 그곳에서 나오라고 하신다. 만일 우리가 이 세상 것에 머무르려고 한다면, 아무리 많은 돈과 명예와 큰 집과 높은 학력과 남부러운 자녀들을 가진다 해도 그것들이 결코 진정한 행복과 바른 인생의 길을 제시해 주지 않는다는 사실이다. 우리가 하나님의 부르심에 합당한 곳에 끈질기게 버티고 서 있을 수 있다면, 그곳이 기근으로 고통 받는 가나안이든, 아니면 먹을 것이 풍부한 애굽이든, 하나님의 도우심과 진정한 회복이 이루어지는 축복의 땅이 되리라 믿는다.

힐링의 사색을 위한 키워드

기근. 삶의 위기. 하나님께 묻지 않음. 사라의 미모.

우리가 의지하는 것들. 하나님께 구하는 삶.

이성적이고 합리적인 선택. 성급한 결정.

하나님께 묻고 가는 삶. 우리의 안전판.

아름답고 매혹적인 것. 끝까지 붙드시는 하나님.

애굽에 머무르는 삶.

애굽으로부터 나오게 하시는 하나님.

| 13 | 창 16:1-16

고통을 들으시고 살피시는 하나님

말씀 읽기

"여호와의 사자가 또 그에게 이르되 네가 임신하였은즉 아들을 낳으리니 그 이름을 이스마엘이라 하라 이는 여호와께서 네 고통을 들으셨음이니라 그가 사람 중에 들나귀같이 되리니 그의 손이 모든 사람을 치겠고 모든 사람의 손이 그를 칠지며 그가 모든 형제와 대항해서 살리라 하니라 하갈이 자기에게 이르신 여호와의 이름을 나를 살피시는 하나님이라 하였으니 이는 내가 어떻게 여기서 나를 살피시는 하나님을 뵈었는고 함이라 이러므로 그 샘을 브엘라해로이라 불렀으며 그것은 가데스와 베렛 사이에 있더라"(창 16:11-14).

묵상하기

사람들은 돈 때문에 자존감에 상처를 입기도 한다. 말 때문에 마음이 무너지고 수치심을 당한다. 신체적인 폭행과 학대를 당함으로써 이루 말할 수 없는 육체적, 정신적, 영적 무너짐을 경험한다. 눈에 보이지 않는 따돌림과 왕따로 인해 두려움과 공포와 소외의 심리적 내상을 입는다. 그리고 이 모든 자존감의 상실, 수치심, 무너짐, 두려움, 공포, 소외와 내상의 중심에 관계의 단절이 있다. 고통과 절망과 좌절로 인해 나타나는 자기 멸시와 자기 학대는 다름 아닌 자기와의 관계 단절을 가져온다. 자기와의 관계 단절은 곧 타인과의 관계, 더 나아가 하나님과의 친밀한 관계의 단절을 가져오기도 한다. 이러한 관계의 상실로 인한 아픔과 비탄으로 인해 견디다 못한 사람들이 스스로 목숨을 끊는다. 따라서 이렇게 부서지고 단절된 관계에서 어떻게 회복할 수 있는가의 질문은 상담의 중요한 주제가 된다.

관계의 폭력성에서 나온 학대, 상처와 소외

창세기 16장에서 우리는 관계의 단절과 회복의 이야기를 듣게 된다. 그리고 이 이야기를 통해서 힘겨운 관계 속에서 끊어지고 부서져서 꽁꽁 얼어붙었던 상처받은 마음을 열게 해주시는 하나님의 돌보심을 만나게 된다.

가까운 사람의 시기로 인해 본의 아니게 사람들과의 관계가 헝클어지고 깨어진 위기를 경험한 적이 있을 것이다. 자신과 가깝다고 생각했던 이에게 버림받거나 따돌림 받아 서럽게 운 기억도 있을 것이다. 혹은 내 안에 불같이 타오르는 시기와 질투심으로 인해 남에게 상처 주고 폭력을 휘두른 적도 있을 것이다. 그런 기억들과 감정들을 다시 한 번 떠올리면서 이 본문을 대하다 보면, 보다 생생하고 뚜렷하게 그 의미가 다가올 것이다.

아브람과 사래, 사래의 여종 하갈과 그녀의 아들 이스마엘이 이 이야기의 등장인물들이다. 성경 속의 다른 이야기들처럼, 이들 사이에서 하나님은 중재자요 이야기를 이끌어 가는 리더의 역할을 하신다. 시기와 질투로 인한 분노와 힘의 남용에서 이야기는 시작된다. 위의 네 등장인물들, 특히 아브람과 사래와 하갈 사이에서 발생하는 관계의 복잡성과 깨어짐의 시초는 아이를 낳지 못하는 사래와 아브람의 아이를 임신한 하갈 사이에서 벌어진다. 즉 아브람에게 자식을 얻게 해주기 위해 사래는 자신의 여종인 하갈을 아브람에게 허락하는데, 그 후 하갈은 임신을 하고 자기 주인 사래를 업신여긴 것이다.

인간의 교만과 다툼, 악화된 관계

아브람의 아이를 가졌다고 자신의 여주인 사래를 멸시하는 여종 하갈의 모습에서 우리는 인간의 어리석음과 무한한 욕심을 엿볼 수 있다. 하갈이 아브람의 아이를 가졌다고 해서 교만하여 여주인 사래를 깔보고 업신여긴 것이 그들 사이의 갈등을 더욱 증폭시킨 것이다. 그렇잖아도 아이를 갖지 못하여 수치심과 분노와 시기로 가득한 사래에게, 이젠 자신의 자리까지도 넘보려고 하는 하갈은 도저히 용서하려야 용서할 수 없는 마음을 갖게 했을 것이다.

우리도 사래와 같은 위치에 종종 처하게 된다. 때로는 하갈과 같은 입장에 놓이게도 된다. 인간관계에서 경험하는 갈등은 크게 세 가지 차원에서 이루어진다.

첫째는 생각 혹은 인지에서 발생한다. 상대방은 나와 다르다는 것이다. 저 인간이 나를 부정적이고 나쁘게 여기고 있을 거라고 지레짐작하는 것이다. 이런 생각을 상대방과 풀지 않은 채 계속 품고 있으면 서로 간의 갈등이 확대된다.

둘째는 감정이다. "저 인간이 나를 못마땅하게 생각하고 있을 게 분명해"라거나 "어휴, 저 인간 정말 꼴도 보기 싫어"라는 생각이 감정으로 나타나게 되는 경우가 있다. 그래서 수치, 화, 울분, 슬픔, 비통을 느끼며 결국 갈등의 골은 더욱 깊어지는 것이다.

셋째는 그러한 갈등이 생각과 감정뿐 아니라 행동이 된다. 생각과 감정으로 서로 치고받고 하던 관계가 마침내 사사건건 행동으로 부딪치게 되는 것이다. 마음과 생각에 두고두고 쌓아 놓은 갈등의 골이 행동으로 튕겨져 나온다. 그래서 어떤 사람의 행동을 보면 그 사람의 마음과 감정을 알 수 있는 것이다.

사래와 하갈의 경우 위의 세 가지 갈등의 차원이 모두 나타난다. 사래는 아이를 낳지 못하는 것에 대해서 여종인 하갈이 자기를 무시하거나 멸시하고 있다는 것을 인지하며, 분노와 자기 모멸감을 느낀다. 즉 아이를 낳지 못하는 자신의 처지에 대한 부정적인 자기 이미지와 그러한 자기를 업신여기는 하갈의 행동으로부터 느끼는 파괴적인 감정이 복받쳐 오르는 것이다. 그 결과 자신의 비참한 감정을 남편인 아브람에게 쏟아 붓고는 하갈을 학대하면서 행동으로 자신의 분노를 하갈에게 보여주고 있는 것이다.

반면에 하갈은 자신이 주인의 아이를 갖게 되자, 사래와 주인과 종이라는 복종 관계에 있음에도 자신이 더 아브람의 사랑을 받을 수 있을 거라는 생각을 하게 되는 것이다. 그러한 생각으로 인해 하갈은 우월감과 같은 자신의 감정들을 직접적으로 사래에게 표현했을 것이고, 결국 여주인을 멸시하는 행동을 나타내 보인 것이다. 타인과의 갈등 관계에 처해 있을 때, 위의 세 가지 요소를 자신에게 적용시켜 봄으로써 무엇이 문제인지를 살펴보면, 어려움을 보다 효과적으로 해결해 나갈 수 있다.

아브람의 무책임한 행동, 그로 인한 더 큰 상처

다음으로 사래와 하갈의 갈등 관계를 더욱더 심화시킨 아브람의 행동에 대해서 살펴보자. 이 상황에서 아브람은 문제 해결의 중요한 열쇠를 가지고 있는 사람이다. 그는 사래와 하갈 사이를 중재할 수 있는 힘과 권위를 가진 사람이었다. 그런데 6절을 보면, 아브람의 무책임과 그로 인한 사래의 학대를 보게 된다.

> "아브람이 사래에게 이르되 당신의 여종은 당신의 수중에 있으니 당신의 눈에 좋을 대로 그에게 행하라 하매 사래가 하갈을 학대하였더니 하갈이 사래 앞에서 도망하였더라"(창 16:6).

아브람은 사래와 하갈 사이의 갈등을 해소하기 위해 그 어떤 조치도 취하지 않고 있다. 하갈이 자신의 아이를 가졌음에도 불구하고 일방적으로 사래의 감정을 누그러뜨리기 위하여 그의 편을 들고 있을 뿐이다. 그 결과 사래는 아이를 가지자 자신을 멸시하는 얄밉고 건방진 하갈을 견디지 못할 정도로 학대한다. 아마도 사래는 아이를 낳지 못하는 자신의 처지에 대한 절망과 비탄을 분노에 담아서 한꺼번에 터뜨렸을 것이다.

힘겨운 갈등 관계로 인해서 상처받고 아파하는 사람들의 경우, 그러한 관계에 연루되어 있는 사람들의 무책임한 말이나 행동으로 인해 치유가 더디고 힘겨운 것을 보게 된다. 그럴 경우 내담자로 하여금 관계를 보다 명확하게 인식하게끔 도와준다. 갈등 관계에 있는 사람이 혼자 힘으로 자신의 책임이나 주위 상황들을 효과적이고 객관적으로 직시한다는 것은 매우 어려운 일이다. 따라서 상담자는 갈등 구조를 펼쳐 줌으로써 내담자의 치유를 도와주는 것이다.

하나님의 방법으로 도우신다

이와는 대조적으로 우리 인간의 이해와 생각과 계획으로는 이해할 수 없는 방법으로 갈등과 문제를 풀어가시는 하나님을 볼 수 있다. 내담자를 돕는 같은 인간인 상담자의 역할이 분명히 있는 반면에, 목회상담이나 기독교상담이 일반상담 심리치료와 확연히 다른 점이 있다면 바로 이 부분이다. 내담자의 분노와 상처와 절망 속에서도 당장에는 이해할 수 없는 하나님의 섭리와 계획과 이끄심이 분명 있다는 것이다.

본문에서 사래로부터 도망치는 하갈 앞에 여호와의 사자가 나타나 이야기한다. 그는 이것저것을 물어본다. 하나님의 사자 정도면 뭔가 큰 희망과 치유를 하갈에게 줄 법도 하다. 그런데 9절을 보면 하갈의 편을 들어주기는커녕 "네 여주인에게 돌아가서 그 수하에 복종하라"고 말한다. 이게 도대체 무슨 말인가? 말도 안 되는 소리 아닌가? 먹을 것을 주면서 '걱정하지 말아라. 너를 도와주겠다' 라고는 하지 못할망정, 자신을 학대하는 사래에게 돌아가서 그에게 복종하라는 것이다.

우리도 이런 황당한 일을 경험한 적이 있을 것이다. '이건 내 뜻이 아닌데, 아무리 생각해 봐도 하나님이 나에게 이러실 수는 없는데, 내가 도대체 뭘 잘못했기에 나를 이 지경까지 되도록 내버려 두시는 건가? 왜 나에게 새로운 길을 열어 주시지 않는 것일까?' 답답한 마음으로 아무리 기도해 보아도 하나님은 내 편이 아닌 것 같다는 마음이 드는 것이다.

그런데 여호와의 사자는 "네 씨를 크게 번성하여 그 수가 많아 셀 수 없게 하리라"고 전한다. 이뿐만이 아니라 그는 하갈에게 너무도 큰 위로의 말을 전한다.

> "여호와의 사자가 또 그에게 이르되 네가 임신하였은즉 아들을 낳으리니 그 이름을 이스마엘이라 하라 이는 여호와께서 네 고통을

들으셨음이니라"(창 16:11).

여호와께서 하갈의 고통을 들으신 것이다. 하갈에게 다시 주인 사래에게 돌아가라고 한 것은 그를 파멸시키려는 것이 아니라, 그의 고통을 듣고 있기에 하나님을 신뢰하고 돌아가라는 것이었다. 하갈과 이스마엘을 통한 하나님의 다른 뜻과 계획이 분명 있다는 것이다.

고통을 들으시는 하나님

하갈에게 주신 "여호와께서 네 고통을 들으셨음이니라"라는 말씀은 하갈뿐만 아니라 지금 상처와 고통과 절망 속에서 헤매는 우리에게도 큰 위로와 소망과 힘이 되는 말이 아닐 수 없다. 상담 기술 중에 경청기술이라는 것이 있다. 내담자의 말과 그 말의 의미를 의도적이고 의식적으로 주의를 기울여 듣는 것이다. 인간 상담자도 경청을 하면 내담자에게 용기를 줄 수 있는데, 하물며 하나님께서 우리의 고통을 들으신다는 것이다. 하나님의 들으심은 이 세상의 그 어느 상담자나 심리치료사가 귀기울이는 경청에 비교할 수 없는 것이다.

하갈은 하나님이 자신의 고통을 들으셨다는 여호와의 사자의 말을 듣고 13절에서 이렇게 고백한다.

"하갈이 자기에게 이르신 여호와의 이름을 나를 살피시는 하나님이라 하였으니 이는 내가 어떻게 여기서 나를 살피시는 하나님을 뵈었는고 함이라"(창 16:13).

하갈은 하나님께서 자신을 살피시고 계심을 온몸으로 고백하고 있는 것이다.

자기의 고통을 들으시고 살피시는 하나님을 신뢰하며 하갈은 다시 아브람과 사래에게 돌아간다. 종이 주인으로부터 도망가면 생명이 위험해질 수 있음에도 불구하고 그는 그곳으로 다시 들어가는 것이다. 그리고 마침내 이스마엘을 낳을 수 있었다. 만일 그가 하나님의 사자의 말도 안 되는 궤변같이 들리는 그 말에 순종하지 않고 도망자의 길로 나아갔더라면 아마도 그녀 자신의 목숨은 물론, 이스마엘의 생명도 위험에 처했을 것이다.

이스마엘과 브엘라해로이! 하나님의 들으심과 살피심, 이 두 단어는 이 땅 위에서 절망하고 상처받고 소외당하고 억압당하는 이들에게 커다란 위로와 용기와 살 소망을 가져다준다. 교수 사역뿐만이 아니라 종종 펼쳐지는 개인적인 상담에서도 이 점을 잊지 않고 기억한다. 그 어떤 인간의 말로도 위로할 수 없는 암담한 내담자를 만났을 때, 그의 말을 경청하고 이해하며 분석하고 진단하는 모든 상담 과정 속에 임하시는 하나님의 들으심과 살피심을 믿는 것과 그렇지 않은 것은 천양지차가 있다.

자살의 유혹이 마음 깊이 파고들 때마다, 남편과 아내와 자식들을 힘으로 제압하려는 충동이 들 때마다, 우리를 지으시고 끝까지 지키시는 하나님께서 우리의 한탄과 비탄을 들으시고 마음을 살피신다는 사실을 기억하자. 그리고 오늘을 살아가자. 나를 위해 예비하신 하나님의 또 다른 준비하심을 기대하면서 말이다.

힐링의 사색을 위한 키워드

관계의 폭력성. 시기와 질투. 상처와 소외.
교만과 다툼. 관계의 악화. 갈등과 긴장.
멸시와 모멸감. 우월감. 무책임한 행동.
하나님의 방법으로 도우심. 고통을 들으시는 하나님.
살피시는 하나님. 이스마엘. 브엘라해로이.

| 14 | 창 17:1-8

언약의 하나님, 희망의 근원

말씀 읽기

"아브람이 구십구 세 때에 여호와께서 아브람에게 나타나서 그에게 이르시되 나는 전능한 하나님이라 너는 내 앞에서 행하여 완전하라 내가 내 언약을 나와 너 사이에 두어 너를 크게 번성하게 하리라 하시니 아브람이 엎드렸더니 하나님이 또 그에게 말씀하여 이르시되 보라 내 언약이 너와 함께 있으니 너는 여러 민족의 아버지가 될지라 이제 후로는 네 이름을 아브람이라 하지 아니하고 아브라함이라 하리니 이는 내가 너를 여러 민족의 아버지가 되게 함이니라 내가 너로 심히 번성하게 하리니 내가 네게서 민족들이 나게 하며 왕들이 네게로부터 나오리라 내가 내 언약을 나와 너 및 네 대대 후손 사이에 세워서 영원한 언약을 삼고 너와 네 후손의 하나님이 되리라 내가 너와 네 후손에게 네가 거류하는 이 땅 곧 가나안 온 땅을 주어 영원한 기업이 되게 하고 나는 그들의 하나님이 되리라"(창 17:1-8).

묵상하기

본문은 하나님이 아브라함과 맺은 언약의 말씀을 다루고 있다. 이미 살펴본 대로 16장에서는 애굽 여인 하갈과 아브람 사이에서 난 아들 이스마엘의 이야기를 다루었다. 이후 17장에서는 아브라함의 자손들에 대한 언약을 하시는데, 이전과는 다르게 보다 구체적으로 말씀하신다. 즉 아브람과 사래의 이름을 아브라함과 사라로 바꾸어 주시며, 아들을 낳을 시기와 그 아들의 이름까지도 알려 주신다. 그와 동시에 언약의 자손이 여종 하갈의 아들 이스마엘이 아닌 사래의 아들인 이삭과 그의 후손들이 될 것이라고 약속하신다.

전능하신 하나님, 우리를 붙드신다

먼저 아브람에게 나타나신 하나님이 자신을 전능한 하나님이라고 부르시고 있다는 데 주목할 필요가 있다. 아브람이 하란을 떠날 때 그는 일흔다섯 살이었고, 하갈이 이스마엘을 낳았을 때에는 여든여섯 살이었다. 그리고 다시 여호와께서 아브람에게 나타나셨을 때, 아브람은 무려 아흔아홉 살이 되었다. 일흔다섯 살 때 하란에서 처음 아브람에게 나타나신 이래 24년이란 시간이 흐른 것이다. 창세기 12장, 15장, 16장에 걸쳐서 하나님은 계속해서 아브람에게 "너로 하여금 큰 민족을 이루게 하고 네 이름을 창대하게 하리라"고 말씀하신다.

그러나 시간이 흘러도 아무런 소식이 없었다. 그리하여 아브람은 하나님께 "주 여호와여 무엇을 내게 주시려 하나이까 나는 자식이 없사오니 나의 상속자는 이 다메섹 사람 엘리에셀이니이다 아브람이 또 이르되 주께서 내게 씨를 주지 아니하셨으니 내 집에서 길린 자가 내 상속자가 될 것이니이다"(창 15:2-3)라고 말한다. 심지어 아브람이 이 말을 할 당시에는 하갈의 아들 이스마엘도 태어나기 전이었다. 아브람의 지친 목소리를 듣는 듯하다.

그런데 17장에서 다시 여호와는 아브람과 사래에게 아들이 태어날 것이라고 말씀하신다. 여호와께서는 자신을 전능한 하나님, 곧 '엘 샤다이'로 아브람에게 알림으로써 그에게 힘과 용기를 주시고, 다시 여호와를 붙들 수 있는 희망을 불어넣으시려고 하셨던 것이 아닐까?

진정 전능하신 하나님이신가?

엘 샤다이, 전능하신 하나님! 하나님의 속성 중에서 사랑의 하나님과 더불어 이 단어처럼 상처와 절망과 고통 가운데 있는 사람들이 의심하고 회의하는 것은 없을 것이다. "하나님은 전지전능하신데, 왜 이런 일이 나에게 일어났을까?" "아니, 이렇게 열심히 기도하는데 하나님은 도대체 왜 잠잠히 계시는 것일까?" "하나님이 과연 전지전능하신 분이긴 한 것일까?" "다른 사람들은 그렇게 잘 도와주시는데, 나는 왜 이렇게 되는 것이 하나도 없을까?" "하나님은 나만 미워하시는 걸까?" "하나님도 차별을 하시나?" 등등의 질문을 수없이 많이 하게 되는 것이다.

성경에 나오는 엘 샤다이의 하나님이 나에게는 더 이상 큰 의미로 다가오지 않는다. 너무 힘들고 괴로워서 절망감과 좌절감이 더욱 깊어지고, 삶을 포기하고 싶은 어두운 욕망이 목을 죄어 온다. 새벽을 깨워 기도해 보아도, 말씀을 가까이해도, 도무지 일이 해결될 기미가 보이지 않는다. 하나님조차 나를 거부하고 있는 것과 같은 비참하고 처참한 지경에 놓인 모습을 바라보게 된다. 마침내 그런 자기 자신조차 인정할 수가 없어 자신을 파괴하든지 남을 파괴하게 된다.

목사로서, 목회상담학 교수로서 그리고 전문상담가로서 이런 내담자들을 만나게 될 때 마음이 아파 함께 절망하는 순간이 있다. "아! 하나님, 어찌하시렵니까?" "하나님, 당신은 전능하시지 않습니까? 이 사람, 정말 하나님의 도움의 손길이 절실합니다. 제발 힘주시고 도와주세요!" "정말이지 언제까지 기다려야 하는 걸까요?" 그런데 하나님은 계속 침묵만 하신다. 엘 샤다이의 하나님이 저 멀리 계신 것 같다.

그런데 신기한 경험을 하기도 한다. 꽁꽁 얼어붙어서 도저히 아무것도 보이지 않는 절박한 그 순간을 견디고 하나님과 동행하게 되면, 서서히 얼어붙은 것들이 녹는 것을 보게 된다. 억눌린 사람과의 관계에서 풀려난다. 자기 한탄과 자기 모멸감에 빠져 있던 사람들이 서서히 긍정적이고 창조적인 삶을 살아가려고 일어선다. 비록 현재는 너무 힘들고 상심되지만, 그래도 내일을 향한 소망을 믿음 안에서 부여잡고 나아가려는 굳은 의지를 눈물을 흘리면서도 보여준다. 이런 놀라운 치유와 회복의 순간이 있을 때마다 하나님이 진정 살아 계심을 느끼게 된다.

울부짖음 속에서 하나님을 믿는 이유

하나님이 나를 버리신 것만 같은 험난한 인생길을 지금 걸어가고 있을지라도, 우리에게 그러한 치유와 회복의 순간이 분명 있음을 믿을 수 있는 이유는 무엇일까? 여호와 하나님은 아브람에게 "내 언약이 너와 함께 있으니"라고 4절에서 말씀하신다. 하나님이 항상 우리 앞에 나타나시거나 직접 말씀하시는 것은 아니다. 하나님의 음성을 직접 들었던 아브람도 마찬가지였다. 하나님은 아브람에게 여러 번 말씀하셨다. 수십 년에 걸쳐서 하나님께서 언약의 말씀으로 아브람을 인도하셨고 그와 함께하셨다. 아브람 역시 자신을 향한 하나님의 언약을 굳게 믿고 척박하고 힘든 광야와 같은 인생길을 갔던 것이다.

그렇다! 하나님의 언약이 우리와 함께하신다. 우리는 하나님을 직접 보고 음성을 듣고 싶어 하며, 기적을 체험하기를 간절히 바란다. 정말이지 하나님께서 단 한 번만이라도 직접 뭔가를 보여주시기를 고대하고 또 고대한다. 그러나 그리 아니하실지라도 하나님의 언약을 굳게 믿고 오늘도 믿음의 여정을 포기하지 말아야 한다. 언젠가 나는 다른 책에서 믿음이란 "하나님께서 내일 나의 삶 속에서 무언가를 이루실 것을 오늘 믿는 것"이라고 말한 적이 있다.

성경에서 아브람에게 언약으로 함께하신 하나님이 오늘도 여전히 우리와 함께하실 것이다.

언약의 하나님을 신실하게 붙들고 순종하며 살아갔던 아브람에게 하나님은 '아브라함' 이라는 새로운 이름을 주신다(5절). 여러 민족의 아버지란 뜻이다. 하나님은 사래에게도 '여주인' 이란 뜻의 '사라' 라는 새 이름을 주셨다. 여기서 새로운 이름이 중요한 이유는 사람의 혈통과 전통으로 만들어진 이름이 아닌, 하나님의 영광을 나타낼 이름으로 바뀌었기 때문이다. 즉 아브람의 새 이름 아브라함에는 사람의 계획이나 의지나 기대가 있는 것이 아니라, 하나님께서 행하실 일들이 담긴 것이다.

죽을 것만 같은 절망과 한숨과 어둠의 그늘에서 벗어나 살 소망과 치유의 삶을 살아갈 때, 우리는 새로운 삶을 살아갈 뿐만이 아니라 새로운 하나님의 사람이 되었다는 고백을 하곤 한다. 비록 세상의 이름은 그대로지만, 그 이름에는 다른 의미와 가치가 담겨 있는 것이다. "나는 더 이상 전에 세상에서 힘없고 나약하게 살아가던 내가 아닙니다!" "나는 절망에서 허우적대고 슬퍼하며 지내는 모습에서 벗어나 새로운 사람으로 살겠습니다." "과거의 나는 이제 더 이상 존재하지 않습니다. 쉽지 않겠지만, 이젠 하나님을 더욱 신뢰하며 다른 사람으로 살아가겠습니다"라고 말하며 상담을 마치는 사람들을 보게 될 때 얼마나 감사한지 모른다.

가톨릭에서는 영세를 받으면 아예 새로운 이름이 주어지는데, 그 이유는 새로운 이름에 합당한 삶을 살아가라고 하는 격려와 신앙의 의미를 담고 있다. 주위에서 말뿐이 아니라 진짜 신실한 가톨

릭 신자인 사람들을 보면 영세 받을 때 받은 이름 그대로 살아가려고 애쓰는 모습을 보게 된다.

대를 이어 가는 하나님의 언약

2절에서 "내 언약을 나와 너 사이에 두어 너를 크게 번성하게 하리라"고 말씀하신 하나님께서는 7절에서도 "내가 내 언약을 나와 너 및 네 대대 후손 사이에 세워서 영원한 언약을 삼고 너와 네 후손의 하나님이 되리라"고 말씀하신다. 하나님께서는 아브람에게 단지 오늘 하나님 앞에 있는 아브람만의 하나님이 아니라, 놀랍게도 그의 후손의 하나님이 되겠다고 말씀하신다.

위대한 하나님의 말씀이시다. 여기서 우리는 과거와 현재와 미래를 초월하시는 하나님을 볼 수 있다. 더군다나 당시 아브람은 아흔아홉 살이었고, 자식이라고는 여종인 하갈에게서 난 이스마엘뿐이었다. 사래에게서 낳은 아들은 아직 없었던 것이다. 그러한 아브람에게 하나님께서는 계속해서 '네 후손, 민족의 아버지, 민족들'이라는 말을 사용하신다.

반면에 폭력 역시 세대 간에 전염성을 가지는 경우가 있다. 폭력은 파괴적인 영향력을 가진다. 개인의 폭력은 개인에게, 가족에게 그리고 사회의 폭력은 사회 전체에 전염된다. 가정에서 아버지가 아들과 딸에게 폭행과 폭언을 서슴없이 저지를 때, 폭력의 피해자인 아이들은 많은 경우 폭력의 가해자로 자랄 가능성이 많다. 폭력과 지배와 억압의 문화가 우리 사회를 지배하게 되면, 그 사회에 속한 사람들은 그 문화에 젖어들어 폭력에 대해서 무덤덤해진다는 것이다.

그런 점에서, 우리 안에 있는 소외와 좌절과 상처와 절망은 치유 받아야 한다. 병든 가정은 회복되어야 한다. 힘들어서 미칠 것만 같은 가정환경 속에서도, 가족 구성원들이 하나님의 말씀 안에서 소망의 끈을 건강하게 붙들어야 한다. 그 어둠의 시간이 지나면, 아브람에게 네 후손의 하나님이 되리라고 약속하신 하나님의 사랑과 돌보심이 아버지와 아들, 손자에 이르기까지 미칠 것이라는 확신을 갖고 말이다. 시간과 장소를 초월하는 하나님의 언약의 말씀이 우리의 상한 마음을 치유할 것을 굳게 믿자. 오늘 경험하는 회복과 소망이 단지 '지금 여기서' 뿐만이 아니라, '내일 그곳에서' 도 여전히 꿈틀거리고 있는 것이다.

힐링의 사색을 위한 키워드

엘 샤다이. 전능하신 하나님. 의심과 회의. 절망과 좌절.
하나님의 침묵. 내 언약이 너와 함께 있으니. 신실하게 붙듦.
새로운 이름. 하나님의 시간. 새로운 자로 살아감.
대를 이어가는 하나님의 언약. 폭력의 전염성.

| 15 | 창 20:1-18

하나님의 신실하심과 상호 치유

말씀 읽기

"아비멜렉이 그 여인을 가까이하지 아니하였으므로 그가 대답하되 주여 주께서 의로운 백성도 멸하시나이까 그가 나에게 이는 내 누이라고 하지 아니하였나이까 그 여인도 그는 내 오라비라 하였사오니 나는 온전한 마음과 깨끗한 손으로 이렇게 하였나이다 하나님이 꿈에 또 그에게 이르시되 네가 온전한 마음으로 이렇게 한 줄을 나도 알았으므로 너를 막아 내게 범죄하지 아니하게 하였나니 여인에게 가까이하지 못하게 함이 이 때문이니라……아브라함이 하나님께 기도하매 하나님이 아비멜렉과 그의 아내와 여종을 치료하사 출산하게 하셨으니"(창 20:4-6, 17).

묵상하기

본문은 아브라함이 그랄로 내려가서 겪은 일을 기록하고 있다. 바로 앞부분인 19장에서는 소돔과 고모라의 멸망 사건이, 그리고 바로 뒷장인 21장에서는 마침내 아브라함과 사라 사이에 이삭이 태어나는 사건을 다루고 있다. 본문은 아브라함과의 계약이 실행되기 전에 아브라함과 사라 그리고 아비멜렉 사이에서 벌어졌던 일들을 통하여 인간의 약함과 하나님의 신실하심 그리고 힐링을 위해 필요한 사람들 간의 화해의 중요성을 보여주고 있다.

자신의 실수 인정하기

이 본문에서 먼저 떠오르는 것은, 도우시는 하나님을 경험하기 위해서는 우리 안에 온전해지고자 애쓰는 마음이 있어야 한다는 것이다. 5-7절의 말씀을 보면, 온전한 마음을 잃지 않은 아비멜렉과 그를 도우시는 하나님의 역사하심이 나온다. 하나님께서는 아비멜렉의 꿈에 나타나셔서 사라가 남편이 있는 여인이라는 것을 알려 주신다. 아비멜렉으로서는 매우 당황스럽고 어처구니없는 일을 당한 것이다. 위기에 처한 아비멜렉이지만, 자신의 행동에 고의적이거나 의도적인 악의나 악행이 없었다고 자신을 변호한다. 다행히 하나님께서는 아비멜렉에게 온전한 마음이 있었다는 것을 아셨고, 그래서 그가 더 이상 죄를 범하지 못하도록 막으셨다.

상담자로서 매우 힘들고 어려운 상황은 자신이 명백하게 가해자임에도 불구하고 자신이 가해자임을 인정하지 않는 내담자나 혹은 내담자의 가족을 만났을 때이다. "그 아이는 다 맞을 짓을 했으니까 맞은 것이지, 내가 왜 애를 아무 이유 없이 때립니까?"라고 하거나 "도대체 나에게 무슨 잘못이 있기에 이런 일을 당해야 하느냐, 나는 참 재수도 더럽게 없다"는 소리를 왕왕 듣는다.

사람이 가장 하기 어려운 것은 자신의 잘못을 인정하거나, 자신의 삶을 정직하게 대면하는 것이다. 상담심리학적인 용어를 빌리면, 자기 내면의 소리를 듣는 것이 매우 어렵다. 이것을 신앙적으로 표현하자면, 우리 내면에서 들려주시는 성령의 음성을 들을 수 있는 믿음의 귀가 죄로 인해 닫혔다고 할 수 있다.

하나님 앞에서 거짓됨 없이 합당한 의도와 뜻으로 하다가 저지른 실수나 잘못에 대해서는 하나님께서도 아신다. 다만 의도하지 않았을지라도 자신의 행동이 잘못된 것임을 알게 되었을 때는 인정하는 자세가 필요하다. 그것으로 인해 너무 심한 가책을 느낄 필요는 없을 것이다. 그런데 자신을 필요 이상으로 자책하며 자기를 마치 쓸모없는 인간 취급하는 사람도 있다. 겉으로 볼 때는 잘못을 뉘우치고 회개하는 것처럼 보이지만, 사실 이 경우는 건강하지 못한 방법이다. 자신의 잘못과 죄 된 모습을 제대로 보지 못하는 것은 치유를 더디게 만드는 요인이 된다.

유혹을 떠나기 위해서는 구체적인 결단이 필요함

하나님 앞에서 정직하게 자신이 범한 실수를 인정한 후에 아비멜렉이 잘한 것이 있는데, 그것은 바로 유혹을 버리고 하나님을 두려워할 줄 아는 결단이 그에게 있었다는 것이다. 하나님께서는 그에게 즉시 사라를 돌려보내라고 명령하셨고, 명령을 받은 아비멜렉은 이를 즉시 시행한다. 8-16절은 아비멜렉이 사라를 아브라함에게 돌려주고, 아브라함의 해명과 그에 대한 아비멜렉의 보상 등의 과정을 자세하게 그리고 있다.

비록 꿈이지만 사라가 아브라함의 아내라는 사실을 하나님이 알려 주셨을 때, 아비멜렉은 아름다운 미모의 사라를 다음 날 즉시 돌려보낸다. 이것은 결코 쉬운 일이 아니다. 하나님께서 사라가 유부녀이고 남편이 선지자이며, 돌려보내지 않으면 죽을 것이라고 말씀하셨지만, 그것을 그저 꿈으로만 돌릴 수도 있었을 것이다. 그러나 아비멜렉은 하나님 앞에서 정직하게 행한다. 그는 사라를 돌려보내는 데 그치지 않고, 아브라함과 사라에게 보상을 하는 등 자신의 잘못을 공개적으로 해결하는 구체적인 행위를 나타내 보인 것이다.

상처와 절망 가운데 있는 사람들 중에서 의외로 그다지 큰 상담이 필요없을 정도로 비교적 단순하게 문제가 해결될 수 있는 경우도 종종 있다. 그런데 정작 본인은 그것을 모르거나, 그것이 현재의 문제를 가져온 주요 원인이라는 것을 인정하지 않는 데 어려움이 있다. 하나님을 머리로만 알고 마음으로 인정하거나 삶으로 실천하지 못하는 오늘의 많은 크리스천들에게 아비멜렉은 많은 것을 시사해 준다.

하나님께서 우리로 하여금 죄를 범하지 못하도록 말씀하시고 알려 주실 때, 과감하게 그 유혹하는 것들을 내려놓을 수 있는 믿음의 결단과 하나님을 두려워하는 삶을 살아야 한다. 문제가 있고,

상처를 받고, 상한 마음이 되었을 때마다 전문적인 상담심리치료나 기법이 필요한 것은 아니다. 자기 안에 있는 욕심, 욕망, 시기와 질투 등이 원인이 되어 스스로 상처의 덫에 빠지게 되는 경우가 많은 것이다. 다만 상담이나 심리치료 전문가의 도움으로 자기 내면에 있는 그러한 현상들을 보다 정직하고 건강하게 대면할 수 있게 되는 것이다.

모순된 인간의 삶

또한 본문은 인간이 하나님께 자신의 삶을 신실하게 내어 맡기며 사는 것이 얼마나 힘든 것인지를 알려준다. 즉 하나님이 직접 말씀하시고 많은 은혜를 경험하게 했던 아브라함조차도 모순된 삶의 모습을 보여주고 있는 것이다. 앞에서 살펴본 바대로, 그랄로 내려간 아브라함은 자기 목숨을 안전하게 지키기 위해서 아내인 사라를 누이라고 속인다. 12장에서도 언급했지만, 아브라함은 애굽으로 내려갔을 때에도 똑같은 일을 경험하였다. 그런데 그는 또다시 같은 실수를 저지르고 만다.

그는 자신을 부르시고 아버지의 집을 떠나 여기저기 다니게 하신 이가 다름 아닌 하나님이시라는 사실을 분명히 알고 있었다. 그럼에도 불구하고 정작 위기가 닥쳤을 때는 아내인 사라를 통하여 목숨을 보존하려고 한다. 그는 13절에서 아비멜렉에게 "하나님이 나를 내 아버지의 집을 떠나 두루 다니게 하실 때에 내가 아내에게 말하기를 이후로 우리의 가는 곳마다 그대는 나를 그대의 오라비라 하라 이것이 그대가 내게 베풀 은혜라 하였었노라"고 말하며 자신을 변호한다.

자신을 이리저리 다니게 하신 분이 하나님이시라는 것을 알면서도 그곳에서 자신의 생명과 안전을 하나님이 아닌 아내인 사라에게 맡겼다는 것이 얼마나 이치에 맞지 않는 생각인가! 자기를 보내시고 언약을 세우신 분인 하나님이 자기를 지키시고 이끄실 수 있다는 것을 아브라함은 생각하지 않았을까? 그는 한 번도 아니고 두 번씩이나 같은 실수를 반복하는 것이다.

이 대목에서 알 수 있는 것은, 아브라함은 비록 하나님의 말씀에 순종하고 따르는 믿음의 모습을 보였지만, 그 역시 우리와 똑같이 삶에 대한 불안과 염려를 가질 수밖에 없는 유한한 인간이었다는 것이다. 그러나 우리가 아브라함의 행동을 탓할 자격이 있는 것은 아니다. 우리 역시 매일의 삶을 살아가면서 생각, 감정, 사고, 행동들에서 불안과 염려, 두려움, 문제 앞에 안절부절못하고, 더 나아가 하나님보다 나를 의지하려는 경향을 나타내고 있기 때문이다. 아마도 그런 이유에서 하나님은 아브라함에게 자주 나타나셔서 그가 해야 할 일을 지시하시고, 그를 통해서 하나님의 계획을 알게 하시는 것은 아닐까?

그렇다면 구약을 지나고 신약을 지나, 예수님의 재림을 기다리는 이 시대에 우리는 어떻게 하면 하나님이 말씀하시는 것을 들을 수 있을까? 하나님은 무엇을 통해서 우리와 만나시는 것일까? 여러 가지로 말할 수 있을 것이다. 예배, 기도, 말씀, 교육, 교제, 식사 그리고 이 책의 주제인 힐링으로 하나님은 우리를 만나신다. 우리가 한계 상황으로 부르는 위기와 고난과 고통을 통해서 하나님은 우리에게 필요한 것이 무엇인지를 알려 주신다.

자신이 가진 물질과 명예가 우상인 사람에게는 물질과 명예를, 자식이 우상인 사람에게는 자식을, 건강이 최고인 사람에게는 건강을 내려놓으라고 하실 수 있다. 우리는 실패와 상실과 불안이라는 유한한 인간의 삶 속에서 궁극적인 실존이신 하나님을 만날 수 있다. 중요한 것은 우리의 약함과 한계를, 욕심과 욕망을 인정하고 내려놓는 것이다. 아울러 삶의 과정 속에서 하나님의 뜻을 계속 구하면서, 내 안에 있는 세속적인 욕망과 들끓는 탐심을 정직하게 인정하며 하나님의 말씀 안에서 살아가려는 의지적이고 의식적이며 실천적인 노력이 있어야 한다.

상호 치유를 위한 노력

본문이 주는 또 하나의 이야기는 바로 힐링을 위한 가해자와 피해자의 공동 노력이다. 아브라함과 사라가 저질렀던 거짓말의 피해자라고 할 수 있는 아비멜렉은 8-16절에 걸쳐서 지혜롭게 상황들을 파악하기 위해 애쓰는 한편, 오히려 아브라함과 사라에게 많은 재물을 나누어 준다. 그에 대한 보답으로 아브라함은 하나님께 기도하고, 하나님은 그의 가정에 태의 문을 여시는 장면이 17절에 나온다. “아브라함이 하나님께 기도하매 하나님이 아비멜렉과 그의 아내와 여종을 치료하사 출산하게 하셨으니."

매우 아름다운 장면이 아닐 수 없다. 아비멜렉은 하나님의 음성을 들었기에 그 명령에 순종하여 사라를 아브라함에게 돌려보내기만 하면 되는 것이었다. 아브라함에게 화를 내고 분풀이를 할 수도 있었지만, 그는 아브라함과 사라에게 은혜를 베풀었다. 아브라함 역시 자신의 일로 아비멜렉의 집의 모든 태를 닫으신 하나님께 간구하여 그의 가정이 출산의 기쁨을 맛보도록 돕는다.

여기에서 보듯이 진정한 치유와 갈등의 해결은 어느 한 사람만의 손해나 받아들임이 아닌, 이해 당사자가 서로 마음을 열고 대화를 통해 해결하는 것이 가장 이상적이다. 그런데 불행히도 상담에서 가장 어려운 것 중 하나가, 가해자와 피해자가 만나 문제를 풀어가는 과정을 함께 공유하며 잘못의 고백과 용서의 순간들을 경험하는 것이다. 심지어 부부라는 가장 친밀한 사이에서조차 함께 치유를 위해서 만나는 처음 단계에서부터 어긋나기 십상이다.

이렇게 볼 때, 아비멜렉과 아브라함의 치유를 향한 공동 작업은 치유와 관계회복의 좋은 모델이다. 물론 이 둘 사이에서 하나님이 매개체가 되신 것은 의심할 여지가 없을 것이다. 진정한 치유와 용서란 이와 같이 합력하여 선을 이루는 모습이 이루어지는 순간이다. 피해자의 용서의 손길과 가해자의 진정한 회개에서 나온 기도를 함께 하나님께 올려드림으로써 하나님의 힐링의 은혜가 모든 상처받은 이들에게 임하게 되기를 간구한다.

힐링의 사색을 위한 키워드

자기 실수 인정하기. 자신의 삶 정직하게 대면.

믿음의 귀. 구체적인 결단. 유혹하는 것 내려놓기.

모순된 인간의 삶. 하나님께 맡기기.

유한한 인간. 하나님의 뜻을 구함.

가해자와 피해자의 상호 치유와 치유과정 공유.

합력하여 선을 이룸.

| 16 | 창 22:1-19

직접 준비하시는 하나님

말씀 읽기

"아브라함이 그 땅 이름을 여호와 이레라 하였으므로 오늘날까지 사람들이 이르기를 여호와의 산에서 준비되리라 하더라 여호와의 사자가 하늘에서부터 두 번째 아브라함을 불러 이르시되 여호와께서 이르시기를 내가 나를 가리켜 맹세하노니 네가 이같이 행하여 네 아들 네 독자도 아끼지 아니하였은즉 내가 네게 큰 복을 주고 네 씨가 크게 번성하여 하늘의 별과 같고 바닷가의 모래와 같게 하리니 네 씨가 그 대적의 성문을 차지하리라 또 네 씨로 말미암아 천하 만민이 복을 받으리니 이는 네가 나의 말을 준행하였음이니라 하셨다 하니라"(창 22:14-18).

묵상하기

무한하신 창조주 하나님이 유한한 우리를 시험하실까? 지금 내가 겪고 있는 시험과 고난을 과연 하나님이 내 믿음을 시험하시는 것으로 보아야 하는가? 살아가면서 이런 질문을 한 번도 하지 않고 살아가는 사람은 없을 것이다. 상처받은 내담자들은 거의 이 질문에서 허우적대며 신앙적이고 영적인 방황을 하기도 한다.

과연 무한하신 하나님의 계획에 대해서 그 어느 위대한 신학자와 목사가 정확한 답을 줄 수 있을까? 아마도 우리에게 완전한 정답이란 아예 불가능할 것이다. 다만 본문 말씀 속에서 하나님은 아브라함을 직접 시험하신다. 욥기에서도 하나님은 욥을 시험해 볼 것을 사탄에게 허락하신다. 분명히 하나님은 우리의 믿음을 시험하시는 경우가 있다고 믿는다. 그것을 모든 크리스천들의 상황에 일반적으로 다 적용시킬 수는 없다고 해도 말이다.

이해할 수 없지만, 통과해야만 하는 시험

하나님은 아브라함을 시험하시는 데 너무나 이해할 수 없는 방법을 사용하신다. 그토록 오랜 시간 공들여 하나둘 보여주시고 인도해서 마침내 아브라함에게 주셨던 아들 이삭을 번제로 바치라는 것이다. 참으로 어이없는 명령이 아닐 수 없다. 그의 나이 100세에야 겨우 얻은 아들을 자신의 손으로 죽여 번제로 바쳐야 하다니, 나이 든 아버지로서 너무도 끔찍하고 절대로 복종할 수 없는 일이었다. 마땅히 "안 됩니다. 하나님! 어떻게 그럴 수가 있습니까? 다른 것을 명령해 주시면 안 될까요"라고 울부짖으며 매달릴 수도 있다. 그러나 아브라함은 순종하였다.

사랑의 하나님께서 종종 우리를 다듬기 위해서 시험하시는 경우가 있는데, 그런 하나님을 우리는 이해할 수 없어 힘들어할 때가 있다. 물론 우리가 경험하는 절망과 상처와 아픔이 모두 하나님의 시험은 아니다. 만일 그 모든 것들이 하나님이 아브라함처럼 우리의 믿음을 시험하기 위해서 주신 것이라고 믿는다면, 아마도 우리 가운데 많은 사람들은 이미 하나님을 등지고 교회를 떠났을지도 모를 일이다. 대체로 우리 자신의 잘못이나 허황된 욕망, 세상적인 가치관에 휩쓸려 화를 자초하는 경우가 많다. 반면에 이 세상에 만연한 죄와 악에 휘둘리는 사람들에 의해서 피해자가 되는 경우도 매우 많은 것이다.

그럼에도 불구하고 하나님께서 우리를 사용하시기 위해서 허락하시는 불 같은 시험이 있는데, 우리는 이 과정을 통과해야 한다. 광야라는 시험을 거치지 않은 하나님의 사람은 없다는 것을 우리는 잘 알고 있다. 광야를 통과한 그들 역시 지금 내가 겪는 심리적, 육체적, 정신적, 영적인 고갈과 위기를 경험한 사람들이다. 당장에 아브라함을 보라! 그가 아무 생각이나 감정도 없이 그저 이삭을 데리고 모리아 산으로 갔겠는가? 그곳으로 가면서 그는 파란만장했던 자신의 삶을 뒤돌아보았을 것이다. 자기 손을 잡고 아무것도 모른 채 천진난만하게 걸어가는 아들을 보면서 무척이나 울었을 것이다.

그러나 그는 고통스러운 시험을 이겨냈다. 어떤 마음으로 이겨냈는지는 알 수 없다. 성경에는 그가 한 행동만 나와 있을 뿐이다. 성경에는 영적 거장의 경우 하나님을 충실히 따랐던 이야기가 거의 주류를 이루고 있는데, 그런 점이 아쉽다. 성경의 기자들이 등장인물들에 대한 자세한 성격과 심리적이고 영적인 갈등과 고통을 보다 자세히 묘사하지 않은 것은 목회상담학자로서 유감스러운 일이다. 어쨌든 성경에 등장하는 위대한 하나님의 사람들이라고 해도, 그들이 쉽게 고통과 절망과 좌절을 견디고 이겨냈을 거라고 단정할 필요는 없다.

성경 속의 인물과 우리가 전혀 다른 점이 있다면, 하나님의 음성을 직접 전해 들었던 그들과는 달리, 우리는 하나님을 만나거나 심지어 꿈속에서라도 그의 음성을 듣기가 여간 어려운 일이 아니라는 점이다. 그래서 답답해하며 하나님이 분명하게 말씀해 주시지도 않으면서 왜 나를 시험하시느냐고 원망할 수도 있을 것이다. 그러나 우리에게는 세밀한 음성으로 들려주시는 성령님의 인도하심이 있음을 기억하자.

말씀을 읽는 가운데 혹은 기도와 찬양을 드리는 중에 그리고 조용한 시간 나아가 무릎 꿇고 기도하는 중에 우리 마음을 만지시는 성령님의 음성을 들을 수 있어야 한다. 그것도 경험할 수 없다면, 삶 속에서 일어나는 일들을 믿음의 눈으로 바라보고 해석할 수 있는 영적인 지혜를 키우는 것이 필요하다. 실패와 불안과 좌절과 절망뿐만이 아니라, 성공과 환희 속에서도 하나님의 계획을 발견할 수 있기를 바란다.

마음에 귀기울이기

힐링을 위해서 본문에서 함께 살펴보고 싶은 것은 긴장과 갈등 구조 속에 숨어 있는 이삭과 아브라함과 하나님의 마음이다. 참으로 아슬아슬하고 안타깝고 손에 땀이 나게 하는 장면이 여러 번 나온다. 가장 극적인 장면은 아마도 이삭이 번제할 어린 양에 대해서 아브라함에게 묻는 장면일 것이다.

> "이삭이 그 아버지 아브라함에게 말하여 이르되 내 아버지여 하니 그가 이르되 내 아들아 내가 여기 있노라 이삭이 이르되 불과 나무는 있거니와 번제할 어린 양은 어디 있나이까?"(창 22:7).

참으로 마음 아프게 하는 질문이 아닐 수 없다.

나에게는 열두 살 된 아들이 하나 있다. 서른셋에 결혼해서 이런 저런 이유로 3년이나 지난 후에 낳은 아들이다. 아브라함만큼 늦은 것은 아니지만 얼마나 예쁘고 사랑스러운지 모른다. 열 살이 지나면 덜 귀엽겠지 생각했는데, 웬걸 나이가 들면 들수록 더욱더 사랑스러워지는 아들이다. 이 아이가 어릴 적에 병원에 데려간 적이 있다. 가는 길에 아이가 "아빠, 어디가?"라고 물으면, 나와 아내는 "레고 좋아하지? 레고 사러 가는 거야"라고 거짓말을 하곤 했다.

물론 아이가 조금 자라서는 솔직하게 병원에 간다고 이해를 시키고 갔다. 다섯 살 정도였을 때는 병원에 간다고 하면 집에서부터 실랑이를 벌여야 하니 할 수 없이 레고 장난감 사러 간다고 하고 일단 집 밖으로 유인한 다음에, 거의 병원에 도착할 즈음에 사실 그대로 말했다. 그리고 이렇게 구슬렸다. “사실 오늘 병원에 가야 하는데, 오늘 잘 참으면 레고 장난감 사 줄게! 들어가자.”

이삭이 아버지 아브라함에게 “아빠, 어린 양은 어디에 있어요?”라고 하는 질문은 마치 우리 아이가 자신에게 곧 닥칠 운명도 모른 채 “아빠, 어떤 레고 사줄 거야?”라고 묻는 것과 같은 느낌을 받게 된다. 천진난만하게 아빠와 엄마를 따라나선 우리 아이처럼, 이삭은 하나님께 예배하러 간다는 아버지 아브라함을 믿고 함께 따라나서고 있는 것이다. 불과 나무는 있지만 정작 가장 중요한 불에 태울 양이 없는 것이다. 이삭은 아버지를 따라가면서도 내내 궁금했던 모양이다.

이런 질문이 하나 생긴다. 과연 이삭의 마음에 불안감은 없었을까? 혹시 아버지가 나를 죽이려는 것은 아닐까? 일말의 불안감과 초조함을 느끼지 않았을까? 그러나 이삭은 그런 생각을 전혀 하지 않았을 것이라는 데 한 표를 던진다. 왜냐하면 아브라함이 그 어떤 내색이나 기미도 보이지 않았기 때문이다. 게다가 어느 아버지가 정신 이상이 아닌 다음에야 생리학적으로 불가능한 나이에 하나님의 예비하심에 의해 낳은 아들을 그것도 자기 손으로 묶어 불에 태우겠는가? 이삭 역시 하나님께서 자기를 낳게 해주신 이야기를 귀에 못이 박히도록 아브라함과 사라에게 들었을 것이다. 따라서 이삭은 자신이 번제할 어린 양이 되리라고는 꿈에도 생각하지 않았을 것이다.

하나님이 친히 준비하시리라

그러므로 다음에 나오는 아브라함의 대답은 본인이 불에 타는 것과 같은 처절한 심정이었을 것이다. 어린 양이 어디에 있느냐고 묻는 이삭의 질문에 "아브라함이 이르되 내 아들아 번제할 어린 양은 하나님이 자기를 위하여 친히 준비하시리라"(8절)고 말한다. 이 말을 하는 아브라함의 마음, 아빠로서의 심정은 과연 어떠했을까? 하나님의 사람 아브라함이 아닌, 한 아이의 아빠로서의 아브라함은 과연 무슨 생각을 하고 있었을까? 그 후에 아브라함이 이삭을 결박하여 제단 나무에 올려놓고 손을 내밀어 칼로 아들을 죽이려고 하는 장면이 9-10절에 나온다.

나는 이 장면을 보면서 이삭을 바치라고 한 하나님을 잔인한 분이라고 생각하지 않는다. 분명 하나님께서는 아브라함이 이삭을 죽이는 것을 허락하지 않는 계획을 가지고 계셨을 거라고 믿는다. 어쩌면 그러한 하나님의 마음을 아브라함도 잘 알고 있지 않았을까? 왜냐하면 수차례에 걸쳐서 하나님께서는 아브라함에게 사라의 태에서 난 아들을 통하여 많은 민족을 이루도록 하겠다고 약속하셨기 때문이다.

그럼에도 불구하고 창세기 22장 1-10절의 장면을 하나님이 지켜보시면서 얼마나 마음이 조마조마하셨을까 생각해 본다. 아브라함과 이삭에게 미안한 마음도 있지 않았을까 싶다. 인간에게 시키기에는 너무도 가혹한 시험을 선택하신 하나님, 과연 다른 방법으로 시험하실 수는 없었을까 하는 생각까지 들게 하는 장면이 아닐 수 없다.

아무튼 하나님은 아브라함에게 가장 귀한 것을 바치기를 요구하셨다. 가장 아끼는 것, 아브라함 자신의 생명보다도 더 소중한 아들인 이삭을 내려놓을 수 있는지를 알기 원하셨다. 하나님은 매우 긴장된 마음으로 아브라함과 이삭이 산으로 가는 길에 동행하셨다. 하나님의 눈을 그들에게서 떼지 않으셨다. 그리고 마침내 10절 이하에서 절정의 순간에 그들을 살려 주시고 친히 예비하신 숫양으로 번제를 드리게 하신다.

여호와 이레의 하나님! 끝까지 하나님을 신뢰하며 명령에 복종했던 아브라함은 숫양을 준비하신 하나님을 찬양하며 그 땅 이름을 여호와 이레라 불렀다. '여호와께서 준비하심' 이란 뜻이다.

하나님이 우리 시험하실 때 반드시 기억해야 할 것이 바로 '여호와 이레' 이다. 우리가 흘리는 눈물과 탄식과 상처와 아픔들, 두려움과 갈등과 마음 졸임, 소외와 비탄과 절망 속에서 하나님은 희망과 회복의 기쁨을 분명히 예비해 놓으실 것이다.

아브라함이기 때문에 가능했을 것이라고 생각하지 말자. 하나님은 아브라함만 편애하신다고도 말하지 말자. 중요한 것은 우리도 아브라함과 같은 신뢰와 실천적인 행동을 할 수 있느냐의 여부이다. 우리에게 가장 귀한 것을 부둥켜안고 살거나, 이 땅의 것들을 얻기 위하여 하나님을 저버리는 삶을 살아간다면 여호와 이레의 하나님을 만날 수 없다. 이 땅의 것들을 하나님을 위해 불사를 수 있다면, 말로만이 아닌 실제로 그런 삶을 살아간다면, 우리는 얼마든지 아브라함이 고백했던 여호와 이레의 하나님을 경험하게 될 것이다.

실망과 좌절과 아픔과 상처들을 만나게 되었을 때, 하나님이 우리에게 남겨 주신 희망과 삶에 대한 불꽃을 발견한다면 또 다른 출발을 하나님과 함께할 수 있으리라 믿는다. 바로 그 순간, 여호와 이레의 하나님은 힐링의 하나님이 되시는 것이다.

힐링의 사색을 위한 키워드

이해할 수 없는 하나님의 시험.
통과해야만 하는 하나님의 시험.
이삭을 번제로 바침. 아브라함의 순종.
광야 시험을 거침. 어린 양을 찾는 이삭.
마음에 귀기울이기. 여호와께서 준비하심.
가장 귀한 것을 바침.

| 17 | 창 24:1-9

하나님을 신뢰하는 삶

말씀 읽기

"내 고향 내 족속에게로 가서 내 아들 이삭을 위하여 아내를 택하라 종이 이르되 여자가 나를 따라 이 땅으로 오려고 하지 아니하거든 내가 주인의 아들을 주인이 나오신 땅으로 인도하여 돌아가리이까 아브라함이 그에게 이르되 내 아들을 그리로 데리고 돌아가지 아니하도록 하라 하늘의 하나님 여호와께서 나를 내 아버지의 집과 내 고향 땅에서 떠나게 하시고 내게 말씀하시며 내게 맹세하여 이르시기를 이 땅을 네 씨에게 주리라 하셨으니 그가 그 사자를 너보다 앞서 보내실지라 네가 거기서 내 아들을 위하여 아내를 택할지니라 만일 여자가 너를 따라오려고 하지 아니하면 나의 이 맹세가 너와 상관이 없나니 오직 내 아들을 데리고 그리고 가지 말지니라"(창 24:4-8).

묵상하기

본문은 기독교적인 가치관과 세상 문화 속에 뒤섞여 살고 있는 이 시대 크리스천들에게 강력한 메시지를 전해 주고 있다. 그와 함께 이 땅 위에서 실의와 좌절과 낭패와 절망으로 인해 넘어지거나 쓰러져 있는 크리스천들에게 회복의 열쇠를 제시해 주고 있다. 또한 하나님을 신뢰하며 이 세상 가운데 살아가고 있는 모든 크리스천들이 가져야 할 신앙의 모습을 아브라함을 통하여 시사해 주고 있다.

좀 더 구체적으로 살펴보면, 아브라함이 자신의 충실한 종을 그의 고향으로 보내어 이삭의 아내를 택하게 하는 장면이다. 24장 전체를 보면, 아브라함이 종을 보내고, 종이 이삭의 아내 리브가와 그의 가족들을 만나 허락을 받으며, 그 후 종과 리브가가 아브라함에게로 와 이삭이 리브가를 아내로 맞이하게 된다는 내용이다. 본문은 바로 이 이야기의 서두에 해당되는 것이다. 비록 서두에 불과하지만, 이 대목에는 24장 전체 내용 중 가장 중요하다고 볼 수 있는 중요한 이슈가 등장한다.

손해와 희생을 두려워하지 않는 삶

먼저 아브라함은 가나안 족속의 딸 중에서 이삭의 아내를 택하지 않았다. 사실 고향을 떠나 가나안에서 정착한 그에게 가나안 여자를 며느리로 선택하는 것은 어떻게 보면 당연한 일로 보인다. 당연히 그와 이삭에게 여러모로 도움이 될 것이 분명했다. 이미 가나안 족속 중에서 아브라함에게 이삭을 사위로 삼고 싶다는 의사를 밝혔을 수도 있다.

반면에 이방인으로 가나안 족속과 어울려 살며 부를 쌓았던 아브라함이 가나안 족속 출신 여자가 아니라 자기 고향 자기 족속의 여자를 데리고 온다는 것은, 가나안 족속과의 관계에서 치명적인 손실을 가져올 수 있는 결정이었을 것이다. 그럼에도 불구하고 아브라함은 가나안 족속의 여인보다 오래 전에 떠났던 자기 고향 자기 족속에게서 이삭의 아내를 구하고 있는 것이다.

인간적으로 볼 때 아브라함의 결단은 경제적이고 관계적이며 정치적인 상실을 가져올 가능성이 매우 높은 위험한 도박과도 같은 것이었다. 그러나 아브라함은 자신의 이해관계보다 하나님께서 말씀하신 언약을 더 소중하게 여기고 있는 것이다. 아브라함은 이때까지 자신이 많은 복을 얻은 것은 자기의 책략이나 지혜나 주위 이방 족속들과의 관계에서 얻은 것이 아니라, 여호와 하나님으로부터 온 것임을 분명히 알고 있었다.

모든 것이 여호와께로부터 온 것이다. 만일 당신이 지금 손에 쥐고 있는 것의 상실로 인해 슬퍼하고 있다면, 승승장구하던 삶 속에서 약간의 실패로 인해 의기소침해 있거나 우울증에 빠져 있다면, 지금까지 누리고 있었던 것이 내 힘으로 얻은 것이 아니라 하나님께서 허락하신 것이라는 인식의 전환이 필요하다. 하나님을 모르는 사람들이 상실감과 상처로 인해서 괴로워하며 자신의 삶을 더 깊은 파멸의 늪으로 몰아갈 때, 크리스천들은 하나님께로 돌아가야 한다. 아브라함처럼 하나님께서 주신 복을 누리고 있기에, 이 세상에서 손해 볼 일이 생긴다 하더라도 너무 낙심하지 말아야 한다. 아니, 손해 볼 것이 미리 예상되더라도 하나님께서 보이신 길로 가야 한다.

만일 아브라함이 손해 볼 것이 뻔해서 이방 민족들과 적당히 타협했더라면, 이후 아브라함과 이삭의 삶은 완전히 달라졌을 것이다. 아브라함이 자기의 처를 구한 것이 아님을 여기서 주목할 필요가 있다. 그는 자기 아들의 아내를 구하고 있는 것이다. 적당히 이방 민족과 맞추어 살아도 큰 잘못이 아닐 수 있다. 또한 이삭이 그의 아내를 하나님을 잘 섬기도록 교육하고 훈련시키면 되지 않겠는가? 그러나 아브라함은 쉬운 길을 택하지 않았다. 그가 굳이 종을 먼 곳으로 보내어 힘든 길을 가지 않았더라면 하나님께서 맺으신 언약, 즉 아브라함과 이삭과 야곱의 하나님은 실현되지 않았을지도 모른다. 왜냐하면 가나안에 사는 이방 민족들은 하나님을 모르며, 온갖 우상들을 섬기고 있었기 때문이다.

하나님이 우리와 맺은 언약에 신실하시듯, 우리도 하나님의 뜻 가운데 걸어가는 뚝심 있는 믿음이 필요하다. 잘못된 길임을 뻔히 알면서도 세상 유혹과 자기 욕심에 치우쳐 현실적인 유익만을 좇아 살아가고, 여전히 세상의 방법대로 살면서 머리로만 기독교를 믿는 것처럼 살아간다면, 그는 하나님의 생명의 약속과 언약을 이루며 회복의 기쁨을 삶 속에서 증거하며 살아갈 수 없다.

하나님을 신뢰하며 살아가라

아브라함은 늙은 종에게 이삭을 위하여 아내를 택하라고 말한다. 그냥 스쳐 지나갈 수 있는 대목이지만, 여기서 조금 이해가 되지 않는 부분이 있다. 자기의 며느리를 택하는 중요한 일을 종에게 맡겼다는 것이다. 아브라함은 여자를 이곳으로 데리고 오면 직접 선을 봐서 결정하겠다고 말한 것이 아니다. 심지어 이삭의 의견조차도 개입되지 않는다.

아브라함이 종을 그만큼 신뢰했기 때문이라고 생각할 수도 있다. 그러나 이 질문에 대한 대답은 바로 7절 하반부에 나온다. 그는 종에게 "그가 그 사자를 너보다 앞서 보내실지라 네가 거기서 내 아들을 위하여 아내를 택할지니라"고 확신에 찬 목소리로 말한다. 즉 아브라함은, 이삭의 아내를 택하는 것은 비록 종으로 보일지 모르겠지만, 사실은 하나님께서 이미 종보다 앞서 그의 사자를 보내셔서 이삭의 아내를 예비해 놓으실 것임을 믿었던 것이다. 결국 자신이 아니라 하나님께서 택하신 자를 아내로 맞이하겠다는 것이 그의 생각이었다.

말도 많고 탈도 많은 이 세상을 살아가면서 하나님을 신뢰하는 믿음을 가지고 살아간다는 것이 무엇인지를 아브라함은 분명히 보여주고 있는 것이다. 여기서 이런 질문이 나올 수도 있다. '그렇다면 우리는 무엇인가? 그냥 하나님이 시키는 대로만 따라 하는 로봇에 불과한 것인가? 인간은 아무런 존재 이유도 없는 것일까? 무엇 때문에 열심히 살아야 하는가? 그저 신앙생활만 열심히 하면 되는 것인가?' 라고 말이다.

그러나 아브라함이 취한 행동을 보면 모든 오해가 풀린다. 아브라함은 가만히 앉아서 하나님이 이삭의 아내를 보내주실 것을 기다리고만 있지 않았다. 우연을 가장해서 하나님이 일을 벌여 주실 것으로 믿고 있지도 않았다. 그는 하나님이 이삭의 아내를 분명히 예비해 주실 것을 믿고 종을 그곳으로 보낸 것이다. 그러나 종이 어떻게 이삭의 아내를 만날 수 있을지는 알 수 없었다. 다만 그는 최선을 다할 뿐이었다.

믿음 안에서 최선의 삶을 살아가라

바로 이것이다! 하나님과 동행하는 삶은 하나님이 시키시는 대로 기계적으로 움직이는 것을 의미하지 않는다. 하나님이 지금 나에게 직접 말씀하시지 않는다 할지라도 하나님께서 내 삶을 인도하신다는 믿음을 가지고 성실하게 살아가는 것이다. 아픔과 좌절과 절망과 고통 속에서 신앙이 약해지거나 하나님을 떠나기 쉬운 이유는 바로 내가 내 삶의 주인 노릇을 하면서 신앙생활을 하려고 하기 때문이다. 하나님께서 도와주시지 않는다는 것이다. 하나님께 기도하고 예배드려도 별 소용이 없다고 하소연한다. 세상 속에서 받은 상처를 세상에서 치유하지 못하고, 그렇다고 신앙 안에서 그 상처와 좌절을 바로 볼 수도 없다. 더 이상 아무런 희망도 없고 오직 절망만이 남아 있다는 철저한 소외의식으로 다른 이들과 하나님에 대한 분노를 안고 살아가는 것이다.

그렇게 자기만의 의지와 계획과 목적을 가지고 인생을 살아간다면, 그것들을 이루지 못했을 때 자괴감과 수치심과 패배감에 어쩔 줄 몰라 한다. 그리고 비록 무엇인가를 성취했다고 해도 정상에서 있는 그 순간 밀려오는 허전함 혹은 자기 교만과 자기 성취욕에 취해서 세상의 우상에 파묻히기 쉬운 것이 또한 인생이다. 바로 이것이 아브라함이 아내를 맞이할 당사자인 장성한 이삭을 종과 동행시키지 않은 이유가 아닐까?

그뿐만이 아니다. 5절에서 종은 아브라함에게 이렇게 묻는다. "여자가 나를 따라 이 땅으로 오려고 하지 아니하거든 내가 주인의 아들을 주인이 나오신 땅으로 인도하여 돌아가리이까?" 여자가 너무도 맘에 든다. 얼굴에다가 몸매, 재력, 거기다가 성격까지도 너무 좋다. 모든 것이 주인인 아브라함과 이삭에게 딱 어울리는 여자다. 그런데 문제가 있다. 이 여자가 자기 땅을 떠나지 않겠다고 고집을 피우는 것이다. 그러면 어떻게 하느냐는 질문이다. 그래서 늙은 종은 아브라함에게 그럴 경우 이삭을 다시 주인이 나온 그 땅으로 데리고 가서 살게 해도 괜찮겠느냐는 것이다. 이 말은 상식적으로 생각할 때 틀린 말이 아니다. 우상을 섬기는 땅, 가나안보다 더 좋은 고향으로 돌아가서 딱 좋은 여자를 아내로 삼고 잘 살면 이보다 더 행복할 수 있을까?

그런데 아브라함은 뜻밖의 대답을 한다. 택한 그 여자가 만일에 이곳으로 따라오지 않으려 하거든 포기하라는 것이다. 모든 것이 너와는 상관없고 내가 책임지겠다는 것이다. 그러면서 이삭을 데리고 그리로는 가지 말라고 다시 한 번 못을 박는다. 그 이유는 단 한 가지이다. 바로 하나님 여호와께서 가나안을 자기의 씨, 곧 이삭과 그의 후손들에게 주겠다고 맹세하셨기 때문이다. 하나님을 알지 못했던 과거의 땅으로 돌아가지 않겠다는 아브라함의 결단이 바로 오늘을 사는 우리 크리스천들에게 필요한 것이 아닐까?

더 큰 은혜의 통로

지금 우리는 절대적 진리가 사라진 애매모호한 시대를 살아가고 있다. 아니, 어쩌면 애매모호하다는 말보다는 기독교적인 가치관을 상실한 시대라는 표현이 더 적합할 것이다. 영국과 독일을 비롯한 유럽은 이미 기독교가 소수 종교로 전락한 지 오래다. 미국 역시 그 길을 바짝 뒤쫓고 있다. 그렇다면 한국 기독교는 안전한가? 세계 교회들이 놀랄 정도로 폭발적인 부흥을 경험했던 한국 교회가 이제는 서서히 세상의 가치관과 문화에 물들어 가고 있지 않은가?

기독교적인 종교의식과 세속적인 가치관이 적절히 혼합된 채 이 시대를 살아가고 있는 현대 크리스천들을 볼 때, 마치 아비 집을 떠나지 않으려는 아내를 만나 함께 살기 위해 약속의 땅 가나안을 떠나는 이삭의 모습이 상상되는 것은 나만이 가지는 비약일까? 죄만 짓지 않는다면, 이 세상의 문화와 가치관을 따라 살아가는 것이 전혀 이상하지 않고 자연스러운 현상이라고 여길 수도 있다. 그러나 그러는 사이에 어느 틈엔가 우리의 감정과 마음과 생각이 하나님을 아는 지식보다 인간의 생각과 문화와 사고방식에 더 지배당하게 된다. 동시에 우리의 심령은 더 많은 허전함과 고독과 소외와 상처 안에서 치유되지 못한 채 블랙홀에서 헤매게 될 것이다.

그렇다면 우리에게 치유와 희망의 원천은 무엇인가? 아브라함은 종에게 "내가 너에게 하늘의 하나님, 땅의 하나님이신 여호와를 가리켜 맹세하게 하노니"(3절)라고 말한다. 바로 자기에게 말씀하시고 맹세하여 이르신 하늘과 땅을 다스리시는 하나님 여호와를 신실하게 믿는 그 믿음만이 우리를 살리는 유일한 길이다. 이 땅의 문화에 취하지 않고 포기해야 될 때에는 과감히 포기할 수 있는 용기를 갖고 살아갈 때, 더 큰 은혜의 통로가 열리게 됨을 보게 될 것이다.

힐링의 사색을 위한 키워드

손해와 희생을 두려워하지 않는 삶.

이방문화에 동화되지 않음.

하나님이 보이시고 택하심.

하나님을 신뢰하며 살아가라.

믿음 안에서 행하는 최선의 삶.

| 18 | 창 24:10-27

자기를 낮추는 기도, 희망의 공급원

말씀 읽기

"그가 이르되 우리 주인 아브라함의 하나님 여호와여 원하건대 오늘 나에게 순조롭게 만나게 하사 내 주인 아브라함에게 은혜를 베푸시옵소서……이에 그 사람이 머리를 숙여 여호와께 경배하고 이르되 나의 주인 아브라함의 하나님 여호와를 찬송하나이다 나의 주인에게 주의 사랑과 성실을 그치지 아니하셨사오며 여호와께서 길에서 나를 인도하사 내 주인의 동생 집에 이르게 하셨나이다 하니라"(창 24:12, 26-27).

묵상하기

바로 앞장에서 살펴본 대로, 창세기 24장 1-9절에는 이삭의 아내를 찾기 위하여 아브라함이 종을 보내는 장면이 나온다. 그리고 본문에는 마침내 종이 하나님께서 예비해 놓으신 이삭의 짝을 찾기 위해 메소보다미아로 가는 대장정과 함께, 그곳에서 이삭의 아내가 될 리브가를 만나는 모습이 그려지고 있다. 하나님과 사람이 함께 일을 이루어 가는 장면들이 흥미진진하다. 그리고 주인인 아브라함과 그 아들 이삭을 위하여 최선을 다하는 종의 신실한 마음도 엿볼 수 있다.

기도, 자기를 낮추는 희망의 공급처

먼저 종은 우리가 어떤 자세로 인생을 살아가야 하는지를 잘 보여주고 있다. 이삭의 짝을 찾기 위한 기도와 그 후의 기도를 보면, 종은 자신이 해야 할 일을 잊지 않고 겸손하게 자신을 낮추고 있다. 즉 자기보다는 여호와 하나님 그리고 아브라함을 앞세우고 있다. 12절과 27절에서 그는 "우리 주인 아브라함의 하나님 여호와여", "나의 주인 아브라함의 하나님 여호와를 찬송하나이다"라고 말한다. 또한 "내 주인 아브라함에게 은혜를 베푸시옵소서", "나의 주인에게 주의 사랑과 성실을 그치지 아니하셨사오며"라고 기도한다.

늙은 종은 쉽지 않은 여행이기에 자신이 갈 길을 쉽게 해달라거나 힘들지 않도록 도와달라는 기도를 먼저 할 수도 있었다. 그것을 자기중심적인 기도라고만 할 수는 없다. 길을 가기 전에 하나님께 순조로운 여행이 되게 해달라고 기도하는 것은 당연한 것 아닌가? 그러나 늙은 종은 본 여정의 주인공이 자신이 아니라 아브라함이

요 이삭임을 분명히 인식하고 있었다. 그리고 이 모든 여정에는 하나님의 계획이 있음을 믿었다. 자기는 단지 그러한 계획을 이루기 위한 도구로 사용되고 있음을 스스로 인정하고 초지일관 흔들리지 않았다.

우리의 인생에는 각자가 세운 많은 계획과 길과 방법이 있다. 그러한 비전이 나를 행복하게 해줄 것이라고 믿으며 열심히 살아가고 있는 것이다. 불성실하고 열심히 살아가지 않는 사람들도 많은 이 세상에서 적어도 자신이 꿈꾸고 있는 목표를 향해서 열심히 살아가는 사람들은 좀 나은 축에 든다고 할 수 있다. 그러나 크리스천이라면 자신의 목표를 향해서 열심히 살아가는 것만으로는 부족하다. 그러한 삶이 자신과 가족의 행복을 가져오며 다른 사람들에게 피해를 주지 않는다고 해서 자신의 삶이 정말 만족스럽다고 느낀다면 그것은 크리스천이 살아가는 방식이 아닌 것이다.

하나님을 경외하며 하나님이 인생의 주인 되심을 인정하는 삶이란 아브라함의 종처럼 일의 처음과 나중 그리고 모든 과정 속에서 최선을 다해 살아가는 한편, 무엇보다도 그 일을 시작하시고 이루시는 하나님을 기억하고 찬양하며 감사를 돌리며 살아가는 것이다. 그런 삶을 살아간다면, 삶의 여정 속에서 만나는 어려움과 고통과 좌절을 심리적, 영적 힘으로 능히 이길 수 있게 된다. 하나님의 함께하심과 힘 주심을 믿는 내적인 영성은 이 세상이 줄 수 있거나 빼앗아 갈 수 없기 때문이다.

이러한 영성을 소유한 사람은 삶의 목적과 방향이 세상의 가치관과 다르기 때문에 물질의 많고 적음, 권력의 유무, 지식의 많고 적음, 성공과 실패에 따라서 자신의 삶을 평가하지 않는다. 중요한 것은 나를 이 땅에 보내신 하나님의 계획과 이끄심을 볼 수 있는 눈을 가지고, 주어진 환경과 처지에서 최선의 삶을 살아가는 것이다.

하나님이 일하시는 것을 보라

우리가 이런 마음으로 살아갈 때, 하나님이 일하시는 것을 보게 된다.

> "말을 마치기도 전에 리브가가 물동이를 어깨에 메고 나오니 그는 아브라함의 동생 나홀의 아내 밀가의 아들 브두엘의 소생이라"(창 24:15).

늙은 종이 말을 마치기도 전에 리브가가 물동이를 메고 등장한다. 하나님이 일하시는 것이다. 늙은 종이 하나님의 인도하심을 기억하며 주인인 아브라함에게 은혜를 베풀어 달라고 타인을 향하여 간구할 때, 하나님은 그의 방식으로 일을 이루어 가신다. 이와 같이 우리의 삶 속에서도 하나님은 역사하신다.

여기서 중요한 것은 올바른 것을 구하는 자세이다. "내 주인 아브라함에게 은혜를 베푸시옵소서"라고 종은 말한다. 아브라함에게 은혜를 베풀어 달라는 말 속에는 단순히 아브라함이 잘되게 해달라고 축복하는 것이 아니라, 아브라함과 언약을 맺으신 여호와 하나님의 뜻을 이루어 달라는 뜻이 그 안에 담겨 있는 것이다. 결국 아브라함을 통해 성취하시는 하나님의 언약을 늙은 종 역시 신실하게 따르고 있는 것이다. 우리가 자신의 유익이나 힘을 자랑하기 위함이 아니라 진정으로 '하나님의 은혜'를 갈망한다면, 하나님이 우리에게 보다 구체적으로 나타나셔서 일하시게 될 것이다.

상담사역을 하다 보면, 사람들로 인해 상처받고 절망 가운데 있는 분들이 회복과 치유를 갈망하지만, 너무도 오랫동안 문제가 해결되지 않아서 힘들어하는 경우를 종종 만나게 된다. 어떤 분들은 자신의 사업 문제로, 다른 분들은 자식들의 문제로 상담을 청해 온다. 물론 당장 급한 것은 사업의 실패로 낙망한 자신과 가족의 상처 치유이고, 말썽 피우는 자녀들이 정신 차리는 것이다. 그런데 가장 중요한 것은 사업도 아니고 자녀들도 아니다. 제일 시급한 것은 자신의 사업과 가정 그리고 자녀들을 하나님 앞에 맡기는 것이다.

이것은 말처럼 쉬운 문제가 아니다. 하나님께 자신, 가족, 사업을 맡긴다는 것은 그들을 통해 하나님이 어떤 계획을 가지고 계신지, 그들을 인도하시는 하나님의 손길이 분명히 있다는 것을 인정하고 실제로 그렇게 살아가는 것이다. 늙은 종은 먼저 하나님께 영광을 돌리고 아브라함에게 은혜 베풀어 주시기를 간구한다. 그 후 자신의 계획을 말했을 때, 말을 마치기도 전에 이미 하나님은 이삭의 아내가 될 여자를 만나게 해주신 것이다.

하나님보다 앞서가지 않는 늙은 종

본문에서 늙은 종이 지혜롭게 처신한 것은 여호와께서 주신 여부를 알고자 했다는 것이다(21절). 너무나 놀랍게도 리브가는 종이 기도한 대로 늙은 종에게 물을 먹이고 낙타에게도 먹이기 위하여 다시 물을 긷는다. 더 이상 의심할 수 없는 기도 응답이었다. 그럼에도 불구하고 종은 속단하지 않는다. 자신의 기도가 응답된 것에 기뻐하지 않고, 신중하게 묵묵히 하나님의 섭리를 확인하고자 한다.

많은 경우, 우리는 어느 한 가지만을 보고 하나님이 자신의 기도에 응답하셨다고 기뻐한다. 그러다 후에 일을 그르치게 되면 하나님을 원망하는 모습을 보이곤 한다. 그러나 성급한 결정은 하나님을 제대로 알 수 없게 만든다. 빨리 병 고침을 받고 싶고, 속히 어려움에서 벗어나고 싶은 간절한 마음, 시간이 더 지나기 전에 더 나은 계획을 향하여 나아가고 싶은 유혹 등은 우리로 하여금 하나님과 동행하는 삶을 방해한다. 하나님보다 '자기'가 그리고 '우리'가 더 먼저이기 때문이다.

고난이 우리에게 주는 가장 큰 축복은 바로 그 고난 가운데 하나님을 더 깊이 우리의 현실 속에서 체험하며, 하나님과 동행하는 법을 배우게 되는 것이다. 사실 고난을 가져온 문제의 해결은 그다음인 것이다. 그러기에 어떤 경우에는 성급한 문제 해결보다 문제에 대한 깊은 성찰을 돕는 것이 상담의 주요 목적이 되곤 한다.

리브가가 자기에게 물을 주고 낙타에게도 물을 주었으니, 다른 것은 볼 것도 없이 이 여자가 이삭의 아내가 될 것이라고 속단할 수도 있었다. 그러나 해결되어야 할 가장 중요한 과제가 더 남아 있었다. 이 여자가 아브라함의 친족이어야만 하고, 마지막으로 그가 자기 고향을 떠나 가나안으로 가야만 한다. 마음을 놓기에는 아직 일렀다. 하나님이 어떻게 일하실지 더 주목할 필요가 있는 것이다.

내 삶에는 더 이상 아무런 희망도 남아 있지 않다고 말하지 말자. 계획한 대로 일이 진행되지 않았다고 해서 절망하고 패배자처럼 주저앉지 말자. 사업에 실패했다고 스스로 소중한 목숨을 끊어버리지도 말자. 성적이 떨어지고 취직이 안 되면 실망할 수 있겠지만, 그 상황에 집착하지 말아야 한다. 하나님께서 우리와 함께하실 일이 아직 남아 있다. 반면에 이젠 하나님께서 내 기도를 다 들어주셨다고 방심하지도 말자. 기도한 것처럼 일이 잘 풀려서 기뻐할 수 있는 상황에서도 긴장의 끈을 놓지 않고 끝까지 지혜롭고 신실하게 일을 처리한 늙은 종처럼, 우리도 한 걸음씩 나아가자.

더 나아가 하나님에 대한 경배와 찬송을 잊지 말아야 한다. 26절과 27절에서 리브가가 아브라함과 친족관계에 있음을 확인한 종은 머리를 숙여 하나님께 경배드린다. 하나님의 사랑과 성실하심을 찬양하는 것이다. 힘들고 어려운 일이 닥칠 때뿐만 아니라, 일이 잘 풀려나갈지라도 여전히 우리는 머리를 숙여야 한다. 머리를 세우고 세상 문화에 안일하게 젖어 살지 말고, 머리를 숙여 하나님께 경배할 수 있는 마음이 우리 안에 있을 때, 두려움과 절망 속에서도 하나님이 하시는 크고 놀라운 일들을 보게 될 것이다.

힐링의 사색을 위한 키워드

기도로 자기를 낮추는 늙은 종.

인생의 주인 되시는 하나님을 인정하라. 하나님이 일하심을 보라.

하나님께 실제적으로 맡기는 삶. 서두르지 마라.

하나님의 섭리 확인. 하나님보다 앞서가지 마라.

스스로 포기하지 마라. 하나님과 동행하는 법.

| 19 | 창 26:23-33

너는 여호와께 복을 받은 자라

말씀 읽기

"이삭이 그들에게 이르되 너희가 나를 미워하여 나에게 너희를 떠나게 하였거늘 어찌하여 내게 왔느냐 그들이 이르되 여호와께서 너와 함께 계심을 우리가 분명히 보았으므로 우리의 사이 곧 우리와 너 사이에 맹세하여 너와 계약을 맺으리라 말하였노라 너는 우리를 해하지 말라 이는 우리가 너를 범하지 아니하고 선한 일만 네게 행하여 네가 평안히 가게 하였음이니라 이제 너는 여호와께 복을 받은 자니라"(창 26:27-29).

묵상하기

본문의 내용은 이삭이 흉년으로 인해 그랄로 가서 그곳에 정착한 후 풍성한 열매를 맺지만, 아비멜렉과 블레셋 사람들의 시기로 또다시 정착지를 버리고 떠나야 했던 이야기 중 일부분이다. 본문의 이야기는 그랄을 떠나 브엘세바로 올라가 하나님의 신실하신 약속을 다시 받고, 그곳에서 제단을 쌓고 정착하는 모습을 보여준다. 아울러 블레셋 왕 아비멜렉이 찾아와 동맹관계를 맺고 있다.

함께하시는 신실하신 하나님

본문에서 먼저 살펴보고 싶은 것은 이삭에게 나타나 함께하시는 신실하신 하나님이시다. 여기저기 떠돌아다니는 이삭에게 하나님께서 나타나셔서 내가 너와 함께 있어 복을 주겠다고 말씀하시는 장면이 나온다.

> "그 밤에 여호와께서 그에게 나타나 이르시되 나는 네 아버지 아브라함의 하나님이니 두려워하지 말라 내 종 아브라함을 위하여 내가 너와 함께 있어 네게 복을 주어 네 자손이 번성하게 하리라 하신지라"(창 26:24).

하나님은 아브라함에게 네 자손에게 복에 복을 주겠다고 말씀하신 것을 다시 한 번 이삭에게 말씀하신다.

하나님이 이삭에게 나타나신 순간을 주목할 필요가 있다. 이삭은 그랄 땅에서 하나님의 축복으로 창대하고 왕성하여 큰 부를 이루었다. 그러나 그랄 사람들의 시기 질투로 인해 편안하게 살 수 있었던 그곳을 떠나 골짜기마다 돌아다니며 우물을 파며 심히 고생하다가 브엘세바로 올라가게 된다. 우리가 위기와 어려운 시간을 보낼 때, 하나님께서는 우리를 놓지 않으시고 잊지 않으신다. 우리는 혼자 살아가는 것이 아니라 하나님의 보호하심 속에서 살아가는 것이다.

그런데 하나님은 우리가 전혀 예상하지 못하는 순간에 나타나신다. 우리가 필요로 할 때는 나타나지 않으실 수도 있다. 그러면 사람들은 실족한다. 하나님께서 마치 침묵하시는 것처럼 느껴지는 어두운 시간을 보내게 된다. 만일 그러한 시간을 지나고 있다면, 그럼에도 불구하고 오늘을 살아가기를 간절히 바란다. 희망의 샘물을 파야만 한다. 본문 바로 앞부분에는 아비멜렉에게 쫓겨난 이삭이 하나님을 원망하거나 삶의 의욕을 상실한 것이 아니라, 계속해서 장막을 치며 골짜기를 파서 샘의 근원을 얻는 장면이 펼쳐지고 있다.

그럴 때마다 그랄 목자들이 이삭의 목자들과 자주 다투었다. 그래도 그는 우물을 파는 작업을 쉬지 않았다. 그 후 브엘세바로 올라갔을 때, 하나님은 이삭에게 나타나셔서 아브라함과 맺었던 과거의 언약을 상기시켜 주셨다. 힘든 시간을 보내고 있는 이삭에게 위로를 주시는 한편, 미래에 대한 희망을 제시해 주시는 것이다.

본문에는 나와 있지 않지만 살아보려고 애를 쓰던 이삭도 많이 힘들고 지쳤으리라고 생각된다. 자신이 그랄에서 이루었던 부에 대한 회한과 사람들에 대한 배신감에 사로잡히기도 했을 것이다. 그럼에도 불구하고 그는 모든 일들을 이루어 가시는 하나님을 철저히 신뢰함으로 역경을 이겨 나갈 수 있었다.

하나님에 대한 신실한 믿음을 잃어버리지 않았던 이삭은, 하나님이 그에게 다시 나타나신 후 그곳에서 제단을 쌓고 거기서 여호와의 이름을 부르며 장막을 친다. 그곳을 자기의 거주지로 정한 것이다. 어디로 가야 할지 나그네처럼 떠돌아다녀야만 하는 처지에서 하나님의 언약을 믿고 그곳에 머물러 우물을 판 것이다. 이것이 바로 하나님을 믿는 믿음이다. 우리가 거하는 곳이 어디든지 이것이 바로 하나님을 믿고 순종하며 머무는 것이다. 그리고 우물을 판 이삭처럼 그 자리에서 최선을 다하여 섬기는 것이다. 그것이 우리 삶을 통하여 예배드리는 자의 모습이다.

하나님이 직접 움직이신다

또한 본문에서 살펴볼 것은 아비멜렉과 그 일행이 그랄에서부터 이삭에게 찾아온 사건이다. 이때 이삭은 분노한다. 마치 그동안 참았던 울분을 한꺼번에 토해 내는 것처럼 말이다. "이삭이 그들에게 이르되 너희가 나를 미워하여 나에게 너희를 떠나게 하였거늘 어찌하여 내게 왔느냐"라고 항변한다. 하나님의 은혜를 따라 살아왔던 이삭이지만, 그동안 겪은 숱한 고난이 그로 하여금 의분을 내게 만든 것이다. 그의 분노는 정당했다. 아무런 이유 없이 단지 시기와 질투심으로 자기들을 쫓아낸 그 사람들에게 어떻게 분노하지 않을 수 있겠는가?

더욱이 자기 종들이 우물을 파 소중한 샘의 근원을 얻을 때마다 그랄 목자들과 다투게 되어, 그들에게 우물을 양보하고 다른 곳으로 옮기기를 몇 차례나 반복했다. 억울하고 울화가 터져 화를 낼 만도 한데, 이삭은 하나님의 인도하심을 따라 참고 자기가 떠난 것이다. 그런데 이제 새로운 곳에 정착하여 새로운 삶을 시작하려는 즈음에, 자신들에게 그 고생을 하게끔 한 사람들이 찾아왔으니 이삭이 화를 내는 것은 당연하다고 하겠다.

그런데 28절 상반부에서 이삭을 쫓아냈던 그들이 "여호와께서 너와 함께 계심을 우리가 분명히 보았으므로 우리의 사이 곧 우리와 너 사이에 맹세하여 너와 계약을 맺으리라"고 뜻밖의 말을 한다. 아비멜렉과 그 친구 아훗삿과 군대장관 비골이 어떻게 여호와께서 이삭과 함께 계시는 것을 분명히 보았을까? 만일 이삭이 여전히 그랄에 거주하고 있어 많은 재물을 쌓고 그 외의 복을 얻는 것을 계속 보았더라면, 하나님이 이삭과 함께하시는 것을 아는 것은 그리 어려운 일이 아니었을 것이다.

그러나 그들이 이삭을 찾아온 당시는 이삭이 어려운 처지에 놓여 있는 상황이었다. 이제야 정착해서 우물을 파기 시작한 것이다. 그렇다고 아직 물을 얻은 것도 아니었다. 물을 얻지 못하면 또 다른 곳으로 떠나야만 했다. 그런데도 그들은 여호와께서 이삭과 함께 계심을 분명히 보았다고 말하며, 서로 해치지 않는 계약을 맺고자 온 것이다. 참으로 놀라운 일이 아닐 수 없다.

사실 그들과의 평화조약은 이삭과 그의 가족들과 무리들의 생존을 위해 반드시 필요한 조건이었다. 또다시 그랄의 목자들이 사사건건 트집을 잡고 덤벼들면 정말이지 너무나 골치가 아픈 일이 될 것이다. 게다가 그들이 공격이라도 해오면 어디에든 정착하기가 쉽지 않을 것이다. 그런 찰나에 그들이 스스로 이삭에게 와서 화해와 평화의 손을 내민 것이니, 오히려 이삭에게는 너무도 다행스럽고 잘된 일이 아닐 수 없었다.

도대체 어떻게 된 영문일까? 자세히는 알 수 없지만, 한 가지 분명한 사실은 하나님께서 하신 일이라는 것이다. 그들은 여호와께서 이삭과 함께 계심을 분명히 보았다고 했다. 여호와 하나님께서 그들에게 무언가를 행하신 것은 의심할 여지가 없다. 하나님께서는 이삭이 전혀 예상하지 못했던 방식으로 이삭을 도우셨다. 이 세상을 살아가는 동안에 지치고 힘들고 어떤 탈출구도 보이지 않는 순간에, 이삭과 함께하셨던 하나님께서 그와 같은 방법으로 우리를 도우실 수 있음을 잊지 말자. 무언가 가시적인 것이 보이지 않을지라도 우리에게 필요한 것이 무엇인지를 잘 아시는 하나님의 도우시는 손길이 분명히 있음을 믿어야 한다. 세상 사람들은 그것을 운이라고 부른다. 점괘가 맞았다고도 말한다. 꿈을 잘 꿨다고도 한다. 그러나 크리스천들은 하나님께서 도우셨다고 증거한다.

너는 여호와께 복을 받은 자라

"너는 여호와께 복을 받은 자니라"(창 26:29).

이삭과 우호관계에 있지 않았던 이 사람들이 이삭을 보고 너는 여호와께 복을 받은 자라고 말한다. 우리가 하나님을 신실하게 찾고, 그 길대로 살아가려고 애쓰면, 다른 사람들이 이미 알고 은혜를 받는다. 우리는 다른 사람들로부터 "너는 여호와께 복을 받은 자"라는 말을 듣고 있는가? 물론 여기서 복을 받은 자라는 말은 모든 일이 잘 풀리거나, 근심 걱정 없는 삶을 사는 것이 아님을 기억할 필요가 있다. 여기저기 옮겨 다녀야 함에도 낙심하지 않고 열심히 살아갈 때 누리는 축복을 아비멜렉이 본 것이다.

아비멜렉의 무리들과 화해한 이삭, 그들을 위해 잔치를 베풀고 평안히 보내었던 이삭, 그에게 하나님은 가시적인 복을 주신다.

> "아침에 일찍이 일어나 서로 맹세한 후에 이삭이 그들을 보내매 그들이 평안히 갔더라 그날에 이삭의 종들이 자기들이 판 우물에 대하여 이삭에게 와서 알리어 이르되 우리가 물을 얻었나이다 하매"(창 26:31-32).

참으로 적절한 타이밍이 아닌가? 계속 집적거리고 괴롭힐 것 같은 그들과 평화조약을 맺고 그들을 돌려보낸 후에야 이삭은 물을 얻은 것이다.

하나님은 이렇게 역사하신다. 성급하게 하거나 무리하지 않으시고, 세밀하게 계획하고 살피셔서 일을 하시는 하나님이시다. 그에 반해 우리는 너무 급하다. 하나님의 은혜와 도우심과 기적만을 바란다. 그것이 무엇을 의미하는지, 정말 꼭 필요한 시기인지, 그것을 누릴 만큼 하나님을 깊이 신뢰하는지, 감사하는 삶을 살고 있는지 생각해 보아야 한다. 우리 자신을 살펴보아야 한다는 말이다. 만일 우리가 고난과 위기 속에서 너무 서두르거나 급하게 행동하지만 않으면 하나님의 세심한 배려와 사랑을 볼 수 있을 것이다. 바로 이런 믿음이 반석 위에 세운 믿음이다.

힐링의 사색을 위한 키워드

신실하신 하나님. 하나님의 보호하심. 희망의 샘물을 파라.

현재의 자리에서 최선을 다하는 삶. 예배자의 모습.

하나님이 직접 일하심. 여호와께 복을 받은 자.

급하게 서두르지 않는 믿음.

| 20 | 창 29:1-30

부족한 인간을 사용하시는 하나님

말씀 읽기

"야곱이 아침에 보니 레아라 라반에게 이르되 외삼촌이 어찌하여 내게 이 같이 행하셨나이까 내가 라헬을 위하여 외삼촌을 섬기지 아니하였나이까 외삼촌이 나를 속이심은 어찌 됨이니이까 라반이 이르되 언니보다 아우를 먼저 주는 것은 우리 지방에서 하지 아니하는 바이라 이를 위하여 칠 일을 채우라 우리가 그도 네게 주리니 네가 또 나를 칠 년 동안 섬길지니라"(창 29:25-27).

묵상하기

본문은 야곱이 외삼촌 라반을 만나는 과정과 그 후에 벌어진 일들, 그리고 그로 인해서 가족을 이루게 된 것에 대한 이야기이다. 라반은 야곱에게 일을 하라고 말하고, 야곱은 자신의 품삯으로 라헬을 달라고 말한다. 라반은 7년 동안 열심히 일한 야곱에게 라헬 대신에 그의 언니인 레아를 주면서 야곱을 속이고, 그 후 야곱은 라헬을 얻고 다시 7년을 라반의 집에서 일하게 된다.

속고 속이는 자, 라반과 야곱

자신의 이익과 영예를 위하여 형을 속이고, 어머니 리브가와 함께 공모하여 늙은 아버지 이삭을 속이는 삶을 살았던 야곱은 급기야 자기를 죽이겠다는 형 에서의 위협으로 인해 어머니 리브가의 말을 듣고 외삼촌 라반의 집으로 향한다. 그리고 야곱은 외삼촌 라반을 만나게 된다. 그런데 라반을 만난 야곱은 도리어 자신의 외삼촌에게 속는 삶을 시작하게 된다. 본문만 보더라도 사랑하는 라헬을 아내로 맞이하기 위하여 7년 동안 무보수로 일을 했지만, 첫날밤 그에게 들어간 것은 라헬의 언니 레아였다.

이를 따지는 야곱에게 라반은 언니보다 동생을 먼저 주는 것은 자기 지방에서는 하지 않는 일이라고 변명한다. 하지만 7년이 지나서야 그러한 사실을 말한 것은 결국 라반이 야곱을 속인 것이라고 말할 수밖에 없다. 울며 겨자 먹기로 레아를 아내로 받아들인 야곱은 라헬을 얻은 후, 그 대가로 다시 7년을 라반의 밑에서 일하게 된다.

라반이 조카인 야곱을 속인 것은 단지 레아와 라헬의 일뿐만이 아니라 금전적인 부분에서도 야곱을 자주 속였던 것으로 보인다. 본문에는 나오지 않지만, 창세기 31장 41절에서 야곱은 자신을 쫓아온 라반에게 "내가 외삼촌의 집에 있는 이 이십 년 동안 외삼촌의 두 딸을 위하여 십사 년, 외삼촌의 양 떼를 위하여 육 년을 외삼촌에게 봉사하였거니와 외삼촌께서 내 품삯을 열 번이나 바꾸셨으며"라고 항변한다. 본문을 통해서 나타난 야곱과 라반의 관계는 한마디로 속고 속이는 관계라고 정의할 수 있다.

타인보다 더 많은 힘과 권력을 갖고자 하는 욕망, 타인을 자기의 목적과 이익을 위해 이용하고자 하는 정의롭지 못한 의도가 인간 사이에는 늘 존재하기 마련이다. 성경에서도 야곱을 능가하는 술수와 계략을 가진 라반이 등장하니 말이다. 본문은 인간의 탐욕과 음모로 인해 상대방과 그들의 가족이 받는 고통을 보여준다.

이러한 야곱의 성품과 속고 속이는 삶의 모습에도 불구하고, 하나님은 아브라함과 이삭과 했던 약속을 잊지 않으시고 야곱을 지키시고 은혜를 베푸신다. 우리 인간의 생각과 논리를 번번이 뒤집으시는 하나님을 우리는 도저히 이해할 수 없을 것이다. 그렇다고 남을 속이는 행위를 일삼아도 하나님의 은혜를 받을 수 있다는 억지 논리로, 아무렇게나 살아가도 되는 것은 아니다. 이에 대해서는 뒤에서 다시 논하기로 하겠다.

"나를 속이심은 어찌 됨이니이까?" 야곱은 25절에서 자기를 속인 외삼촌 라반에게 왜 자신을 속였느냐고 따진다. 힘들고 고생이 되더라도 레아가 아니라 라헬을 사랑했기에 참고 견디며 섬겼는데, 아침에 일어나 보니 옆에 있는 여자는 라헬이 아니라 그녀의 언니 레아였던 것이다. 야곱으로서는 너무도 어처구니없었을 것이다. 그로 인해 외삼촌 라반에게 심한 배신감을 느꼈을 것이다.

이러한 라반의 모습에서 우리는 자신의 이익을 위해서라면 물불 안 가리고 남을 속이고 계산이 빠른 염치없는 인간들의 일면을 보게 된다. 야곱 또한 벧엘에서 하나님과의 만남을 가졌다 하더라도, 야곱의 이기적인 성격이나 얕은꾀를 내며 사욕을 채우는 행동은 정당화될 수 없다. 물론 그런 야곱임에도 불구하고 하나님이 그를 찾아오신 것은 오직 하나님의 은혜이다.

라반이 자신을 속인 것은 부당하다고 야곱은 주장한다. 그것은 나름대로 정당한 이유가 있다. 그의 주장이 틀린 것은 아니다. 그렇다면 어머니 리브가와 함께 아버지 이삭을 속이고 장자의 축복을 탈취한 자신의 행동은 합당한 것인가? 이 일을 통해 형 에서가 받아야 했던 아픔과 상처를 조금이나마 공감했을까?

성경을 읽으면서 아쉬운 것은 이러한 인물들의 심리적, 영적, 감정적, 관계적인 부분들이 그다지 깊이 드러나지 않는다는 점이다. 성경의 주제가 사람들을 통해 일하시는 하나님의 구속사의 이야기이기 때문에 그럴 수밖에 없을 것이다. 그러나 각 등장인물들과 사건들에 대한 보다 섬세한 분석은 사람들과 인생과 하나님을 보다 사실적으로 이해하는 데 도움이 된다. 더 나아가 그러한 이해로 말미암아 부족한 사람들을 통해 일하시는 하나님을 보다 분명하게 알 수 있다. 외삼촌 라반을 위해 일하면서 부딪히는 공정하지 못한 대우와 속임수들을 경험하면서 야곱이 자신의 삶을 돌아보는 장면이 나왔으면 야곱의 삶을 읽는 이들에게 더 큰 공감을 불러일으킬 수 있지 않았을까?

팥죽 한 그릇에 장자권을 사고 싶었던 힘에 대한 열망, 결국 아버지 이삭을 속이면서까지 장자가 받는 축복을 받아내고 싶었던 야곱은 한없는 욕망을 가지고 있었던 사람이었다. 오죽했으면 얍복 강가에서 어떤 사람과 씨름을 하면서 자기를 축복하지 않으면 보내지 않겠다고 했을까. 이렇게 볼 때, 하나님이 주시는 축복의 은혜는 사람들에게 자격이 있어서가 아니라 하나님이 우리를 은혜로 받아주셨기 때문에 주어지는 것이다.

그러나 성경을 읽을 때, 이 부분을 오해해서는 안 된다. 우리는 종종 잘못된 방식으로 성경을 읽곤 한다. 사람들은 종종 하나님을 자기 편으로 만들려고 하는 경향이 있다. 자신을 철저히 돌아보지 않은 채, 자신이 저지른 잘못에 대한 깊은 성찰 없이 하나님의 은혜를 값싸게 받아들인다. 삶에는 전혀 변화가 없다. 변화나 하나님과의 깊은 교제 없는 회개만이 무성하게 반복되고 있다. 아무리 교회가 많아져도 이 사회는 달라지지 않는다. 아니, 오히려 더 나빠져만 간다. 하나님으로부터 더 멀어져 가고 있다. 그렇게 적당히 살아도 하나님께서 축복해 주실 거라고 믿고 있는 것 같다.

그래서 야곱처럼 남을 속이고 자신의 이익과 안전만을 위해 살아가도 괜찮다고 생각하면 안 된다. 하나님이 나를 책망하지 않으시기에 여전히 나를 이끄시고 돌보시며 복 주실 것이라고 생각해서는 안 된다는 말이다. 야곱을 돌아보시는 하나님은 아브라함과 이삭에게 약속하신 것을 이루어 가시는 분임을 보여주는 것뿐이다. 그리고 그러한 약속을 야곱에게 직접 보여주시며 그에게 알려주신다. 결국 야곱의 이름을 이스라엘로 바꾸시면서 언약을 이루어 가시는 하나님의 모습을 볼 수 있어야 한다.

레아와 그의 여종 실바, 라헬과 그의 여종 빌하

본문에는 단지 인간들끼리의 속고 속이는 이야기만 나오는 것이 아니다. 자세히 전개되고 있지는 않지만 레아와 그의 시녀 실바, 라헬과 그의 여종 빌하 이 네 명에게서 바로 이스라엘의 열두 지파가 탄생하게 되는 배경이 그려진다. 비록 레아는 시력이 약하고 야곱의 마음을 사로잡지는 못했을지라도, 그리고 실바와 빌하는 여종이라는 천한 신분임에도 불구하고, 라헬은 아이를 가지지 못하는 몸이었음에도 불구하고 하나님은 이 네 명의 부족한 여자들을 통하여 이스라엘의 역사를 만들어 가신다.

인간의 삶과 역사를 이끄시는 하나님의 놀라우신 계획과 일하심이 이 네 명의 여인들의 출산의 이야기에 담겨 있다. 부족한 사람들을 통하여 아브라함의 후손 이야기를 써내려가는 하나님의 이끄심이 놀랍기만 하다. 하나님은 이렇게 자주 겉으로 보기에 아무런 쓸모도 없어 보이는 사람들을 통해서 일하신다.

우리 삶 속에서 전개되는 기쁨과 슬픔, 성공과 실패, 성취와 상실 속에서 하나님은 우리 자신을 그리고 우리의 삶을 만들어 가신다. 살다 보면 어느 순간에 자신이 레아와 같이 못나고 매력적이지 못하다고 느낀다. 실바와 빌하처럼 사회적으로, 경제적으로 너무도 낮고 부족한 처지에 눈물이 날 정도로 신세 한탄을 할 때도 있다. 그리고 때로는 라헬처럼 아무짝에도 쓸모없는 존재라고 여기기도 한다.

그러나 그럴 때마다 오늘 이야기를 기억하자. 세상에서는 실패한 것처럼 보일지라도 하나님이 보시기에는 새로운 시작이고, 아직 희망이 남아 있다는 것이다. 지금 내 처지가 어떠하든지 우리를 사용하시는 하나님의 기가 막힌 타이밍을 신뢰하며 살아가 보자.

힐링의 사색을 위한 키워드

속임의 반복. 타인을 이용하려는 욕망.

술수와 계략. 하나님의 은혜.

하나님의 언약의 성취. 역사를 이어 가시는 하나님.

잘못에 대한 깊은 성찰. 아직 남아 있는 희망.

| 21 | 창 31:17-42

하나님만이 도우신다

말씀 읽기

"라반이 그의 형제를 거느리고 칠 일 길을 쫓아가 길르앗 산에서 그에게 이르렀더니 밤에 하나님이 아람 사람 라반에게 현몽하여 이르시되 너는 삼가 야곱에게 선악간에 말하지 말라 하셨더라……너를 해할 만한 능력이 내 손에 있으나 너희 아버지의 하나님이 어젯밤에 내게 말씀하시기를 너는 삼가 야곱에게 선악간에 말하지 말라 하셨느니라 이제 네가 네 아버지 집을 사모하여 돌아가려는 것은 옳거니와 어찌 내 신을 도둑질하였느냐"(창 31:23-24, 29-30).

묵상하기

야곱이 외삼촌 라반을 떠난 후에 벌어진 일들이 펼쳐진다. 라반에게 알리지 않고 몰래 가족들과 모든 재산을 가지고 야곱이 떠난 것이다. 그 후 야곱이 떠난 사실을 알게 된 라반은 분노하며 그를 따라

온다. 본문은 외삼촌 라반을 떠난 야곱과 조카 야곱을 추적하는 라반이 만나는 장면이다. 이와 아울러 라반이 섬기고 있는 우상 드라빔을 훔친 라헬이 들키지 않고 이방 신 조각을 계속 지니게 된다는 이야기가 전개된다.

세밀하게 살피시는 하나님

본문에서 야곱은 큰 위기에 처하게 된다. 몰래 떠난 자기를 뒤쫓아온 라반과 마침내 만나게 된 것이다. 생명까지도 잃을 수 있는 절체절명의 순간이었다. 그런데 야곱을 만나기 전에 하나님이 라반에게 나타나 야곱을 해하지 말라고 말씀하신다. 하나님을 알지도 못하고 믿지도 않는 라반에게 하나님이 나타나신 것이다. 아브라함과 이삭의 경우와 마찬가지로 하나님은 야곱을 지키시는 은혜를 베푸신다. 야곱을 지키시는 하나님의 간섭하심을 볼 때마다, 전혀 그럴 공로가 없고 한 것도 없는데 나타나 도우시는 하나님의 계획을 생각하게 한다.

우리의 삶도 그렇다. 정말이지 도무지 앞이 보이지 않고, 전혀 도와줄 이 없는 급박한 상황에서 야곱과 같은 경험을 하곤 한다. 때로는 믿음의 형제와 자매들로부터, 때로는 전혀 알지도 못하는 이를 통하여 문제가 해결된다. 생각하지도 않은 경로를 통하여 문제가 해결되고, 상처가 치유되고, 관계가 회복되는 경험을 할 때는 참으로 신기하기까지 하다. 야곱의 경우, 하나님을 믿지도 않는 라반에게 하나님이 꿈에 나타나시는가 하면, 라반은 야곱을 해하지 말라고 하신 하나님의 말씀을 그대로 실행하고 있는 것이다.

하나님이 나타나셔서 돕지 못하는 일이란 이 세상에 아무것도 없다. 다만 나의 생각과 기대와 다른 방법으로 하나님은 일을 행하신다. 우리는 연약하고 유한한 인간이기에 내가 예상하고 기대한 것들이 일어나지 않으면 낙망하기 쉽다. 보이지 않는 하나님을 절망과 슬픔과 한탄 속에서 느끼고 위로받기란 그리 쉬운 일이 아님을 모르는 바 아니다. 그러나 위기와 아픔들로 인해 우리의 삶 전체를 송두리째 망가뜨리는 절망의 늪에 주저앉지 말아야 한다. 하나님이 나의 타이밍에 맞춰 주시지 않는다고 불평할 필요도 없다. 우리는 그저 묵묵히 나아가는 것이다.

하나님은 구름 기둥과 불 기둥으로 이스라엘 백성을 도우시며 인도하시고 이끄셨다. 구름 기둥과 불 기둥은 그들로 하여금 더위를 피하고 길을 잃어버릴 것 같은 어둠 속에서 방황하지 말라고만 허락하신 것이 아니다. 하나님의 불 기둥과 구름 기둥은 이스라엘 백성이 힘든 광야의 여정 속에서 계속 앞으로 나아가도록 돕기 위한 것이었다. 하나님은 더운 낮이나 어두운 밤에도 이스라엘 백성을 쉬게 하지 않으셨다. 더워도 어두워도 그들로 하여금 광야를 걷게 하셨다.

그저 그 자리에 머물러 있는 것이 하나님의 뜻이 아니다. 도무지 해결될 것 같지 않은 문제들, 고민들, 상처들, 어려움들에 그저 머물러서 해결책만 기다리고 있을 것이 아니다. 구름 기둥과 불 기둥이 있어도 여전히 이스라엘 백성에게는 무더운 낮과 깜깜한 밤이 기다리고 있었다. 지치고 힘든 삶의 무게가 있기에 도우시는 하나님의 손길이 더 감사한 것이 아닐까? 고난 속에서 하나님을 신뢰하며 희망을 붙들고 나아갈 때, 우리의 생각을 초월하시는 하나님의 세밀한 도우심을 경험하게 되는 것이다.

진정한 능력은 하나님께 있다

야곱에게 이른 라반은 "내가 너를 해할 수 있는 능력이 있지만 너희 아버지의 하나님이 너를 상하지 말라고 말씀하셨기에 살려준다"라고 말한다(29절). 마치 자신이 무슨 특혜를 베푸는 것처럼 말이다. 비록 라반이 야곱을 해치지는 않았지만, 그는 우리 인간의 생명의 주인이 바로 하나님이심을 분명히 알지 못하고 있다.

"너를 해할 만한 능력이 내 손에 있으나"라고 라반은 말한다. 분명 세상적인 조건으로 보았을 때는 라반이 야곱을 죽일 수 있다. 그러나 이방 신을 믿고 있는 라반은 하나님이 지키시는 야곱을 죽일 수 없었다. 그에게 그럴 힘이 있을지는 모르겠지만, 그는 결코 야곱을 죽일 수 없었을 것이다. 크리스천이라고 해도 이 세상에 살면서 고난과 실패와 소외와 고통을 피해 가며 살아갈 수는 없을 것이다. 크리스천도 당연히 그런 것들을 만나게 되고 상처받을 수 있다. 그러나 우리가 기억해야 할 것은 우리를 완전히 죽일 수 있는 것들이 이 세상에는 없다는 것이다.

세상은 우리를 죽일 수 없다. 중요한 것은 우리가 이것을 믿는 것이다. 믿으면서 광야 같은 이 세상을 헤쳐 나가며 살아내는 것이다. 생명은 주께 있다. 생명을 살리고 죽이는 것은 오직 우리의 창조주 여호와 하나님께 달려 있는 것이다. 즉 생명에 대한 진정한 능력은 바로 우리 하나님께로부터 나온다. 자살에 대해서 이런저런 말들이 많고, 신앙적인 측면에서도 다양한 의견들이 제시될 수 있다. 쉽지 않은 주제일지도 모른다.

그러나 한 가지 분명한 것은, 자살은 그 당사자가 우리를 해할 만한 능력을 가진 것처럼 보이는 세상의 유혹과 권세에 무릎을 꿇고 마는 것이다. 내 목숨을 나 스스로 끊어 버리고야 말겠다는 극심한 유혹을 기독교 신앙과 진리가 막을 수 없다면, 그 어떤 상담치료와 정신치료 이론이 막을 수 있단 말인가? "너를 해할 만한 능력이 내 손에 있다"라고 으르렁대는 이 세상 문화와 가치관과 어두운 권세들의 유혹에 저항해야 한다. 그들의 거짓 음성에 귀기울이지 말고, 우리를 보호하시며 진정한 생명의 근원이신 하나님만을 전적으로 신뢰하는 믿음을 감사한 마음으로 굳게 붙들 때에, 현실이 주는 참담함과 두려움에서 벗어날 수 있으리라 믿는다.

거짓 수호신을 갈망하는 인간 라헬

본문을 마치기 전에 자기 아버지의 드라빔을 훔친 라헬에 대해서 잠시 언급하려고 한다. 드라빔은 수호신이라는 뜻으로, 인간 형상을 한 나무나 은으로 만든 조각품이다. 일종의 우상인 셈이다. 라반은 드라빔을 자신의 신으로 알고 숭배했다. 아마도 이 점이 하나님의 인도하심을 받는 야곱과 자주 부딪힐 수밖에 없었던 요인이었을 것이다. 그들이 함께 살 수 없는 분명한 이유인 것이다.

'라헬이 왜 드라빔을 훔쳤을까?' 라는 질문의 답은 여러 가지이다. 자기 아버지의 재산을 주장할 수 있는 표이기에 그랬다는 설, 혹은 자기 집안의 평안을 지켜 줄 것이라고 믿었다는 설도 있다. 어쨌든 라헬은 오랫동안 자기 아버지 집에서 믿어 왔던 드라빔이란 우상을, 자기 남편인 야곱을 지켜 주셨던 하나님보다 더 신뢰했던 것만큼은 분명하다. 오랫동안 자식을 낳지 못하는 몸이었던 자신에게 아들을 허락해 주신 하나님을 이미 알고 있었음에도 불구하고 라헬은 우상을 들고 야곱과 동행한 것이다.

그렇다면 오늘 우리가 가지고 있는 자신만의 드라빔은 무엇인가? 하나님을 믿고, 하나님의 존재하심을 알지만, 보이지 않는 하나님만으로는 부족하고, 뭔가 눈에 보이는 더 확실한 무엇을 붙잡고 살고 있지는 않은지 생각해 보자. 하나님께서 자기 남편과 함께 하셨음을 보았으며 심지어 자기의 태를 열어 주셨음에도 불구하고 라헬은 막상 고향을 떠나려 하니 불안과 두려움이 엄습해 왔을 것이다. 그리하여 자기 가족이 오랫동안 신으로 모셔 왔던 드라빔을 떨쳐 버릴 수 없었던 것이다.

불안과 두려움과 염려와 걱정이 몰려올 때, 우리는 누구를 의지하는가? 하나님인가 아니면 세상에 속한 드라빔인가? 이 질문에 정직하게 대답해 보자. 눈에 보이지 않아 나와 함께하시지 않는 것처럼 느껴지는 하나님, 그분을 온전히 신뢰하고 현재 내가 처한 절망적인 상황을 이겨 나가는 것은 그리 쉬운 일이 아닐 것이다. 반면에 마치 나에게 큰 힘이 될 것 같고 당장 눈앞에 보이는 어려움을 해결해 줄 것만 같은 눈에 보이는 사람들, 물질, 수단을 더 크게 의지하기란 얼마나 쉬운가?

목을 조여 오는 고난과 고통의 시간을 지나고 있는가? 우리에게 생명과 희망을 주고자 하시는 하나님을 바라보자. 조금 시간이 걸리더라도 하나님께서는 우리를 놓지 않으실 거라는 믿음을 붙들고 견디어 보자. 세상의 드라빔을 내려놓는 순간, 우리는 하나님 한 분만으로도 충분하다는 진리를 곧 경험하게 될 것이다.

힐링의 사색을 위한 키워드

세밀하게 살피시는 하나님. 절망의 늪에 주저앉지 말자.

생명은 주께 있다. 생각을 초월한 하나님의 도우심.

진정한 능력은 하나님께 있다. 거짓 신을 갈망하는 라헬.

전통이라는 우상을 깨라. 자기의 드라빔을 버려라.

| 22 | 창 33:1-20

야곱의 이중성

말씀 읽기

"에서가 이르되 우리가 떠나자 내가 너와 동행하리라 야곱이 그에게 이르되 내 주도 아시거니와 자식들은 연약하고 내게 있는 양 떼와 소가 새끼를 데리고 있은즉 하루만 지나치게 몰면 모든 떼가 죽으리니 청하건대 내 주는 종보다 앞서 가소서 나는 앞에 가는 가축과 자식들의 걸음대로 천천히 인도하여 세일로 가서 내 주께 나아가리이다 에서가 이르되 내가 내 종 몇 사람을 네게 머물게 하리라 야곱이 이르되 어찌하여 그리하리이까 나로 내 주께 은혜를 얻게 하소서 하매 이날에 에서는 세일로 돌아가고 야곱은 숙곳에 이르러 자기를 위하여 집을 짓고 그의 가축을 위하여 우릿간을 지었으므로 그 땅 이름을 숙곳이라 부르더라"(창 33:12-17).

묵상하기

본문은 야곱이 외삼촌 라반을 떠나 마침내 20여 년 만에 자신의 고향으로 돌아오는 길에 마주친 에서와의 만남 그리고 그와의 헤어짐의 이야기를 다루고 있다. 야곱이 자신의 형 에서가 자신과 모든 가족을 죽일지도 모른다는 두려움과 위기감에 휩싸였던 것과는 달리, 에서는 야곱과 그의 가족들을 보고 환대한다. 에서와 만난 야곱은 함께 가자는 에서의 제의를 거절하고 자신의 길을 간다. 이를 통해 본문이 주는 몇 가지 메시지에 대해서 생각해 보자.

입맞춤과 눈물, 진정성이 있는가?

"에서가 달려와서 그를 맞이하여 안고 목을 어긋맞추어 그와 입맞추고 서로 우니라"(창 33:4).

쌍둥이 형제 에서와 야곱이 20년 만에 만나게 되었다. 장자이지만 장자로서의 축복권을 빼앗긴 에서와 아버지 이삭을 속여 형의 장자권을 가로채고 복을 마음껏 받았던 야곱이었다. 쌍둥이 동생으로 태어날 때부터 형 에서의 발뒤꿈치를 잡았던 욕심 많은 야곱은 에서의 마음에 불화와 분노와 증오를 일으켰던 장본인이었다.

동생을 죽이고야 말겠다는 살의를 마음 깊이 담고 있던 에서로부터 피신해 도망갔던 야곱이 그 형을 다시 만난 것이다. 그런데 결론은 너무 싱겁다. 창세기 33장 17절에 이르러 두 형제의 만남은 끝을 맺고 만다. 극적인 재회에 비해서 과정이나 결과, 그 후의 이야기는 너무도 미미하다. 야곱이 에서에게 저지른 행동은 에서의 입장에서는 도저히 용서할 수 없는 일이었다. 이렇게 쉽사리 마치 오랫동안 헤어졌던 사이좋은 형제가 다시 만난 것처럼 해결될 수 있는 사안이 아니었다.

그렇다고 에서가 야곱을 죽이거나 아니면 행패를 부렸어야 했다고 주장하는 것은 아니다. 다만 너무 단순하게 이 둘의 불편한 관계가 해소되는 것이 왠지 아쉽다는 생각이 드는 것이다. 아마도 이 정도 선에서 둘의 만남을 적은 것은, 이 글의 저자인 모세가 이 둘의 관계에 그다지 큰 비중을 두지 않았기 때문일 것이다.

그러나 목회상담학의 관점에서 저자는 이 장면을 잠시 다른 각도에서 좀 더 다루고자 한다. '목을 어긋맞추고 입 맞추고 서로 울었다!' 과연 둘의 입맞춤과 눈물의 의미는 무엇이었을까? 과연 이 장면에서 에서와 야곱은 각각 무슨 생각을 하고 있었을까? 어떤 감정으로 서로를 안고 입 맞추고 울었을까? 정말로 두 형제가 그토록 보고 싶고 그리운 사람들이었기에 그랬을까? 자세히 알 수 없지만, 적어도 에서는 동생 야곱에 대한 원한이 오랜 세월 속에서 많이 누그러졌다는 것만큼은 짐작할 수 있다. 왜냐하면 야곱을 환대했기 때문이다. 야곱을 본 에서는 야곱의 처자식들에 대해서 관심을 가지고 묻는가 하면, 많은 예물조차 받으려 하지 않는다. 그리고 야곱과 동행해 주려 한다. 9절에서는 야곱을 향해서 "내 동생아"라고 부르기까지 한다.

그렇다면 야곱은 어떠한가? 야곱은 마음 깊은 곳에서 형 에서에게 저지른 일에 대해 회개나 용서받음의 필요성을 느끼지 않은 것 같다. 야곱은 자신의 가족을 앞세움으로 정에 호소하는 한편, 많은 예물을 준비함으로써 에서의 마음을 사려고 했다. 매우 이성적이고 철저한 계획 속에서 행동하고 있는 것이다. 에서의 보복에 두려움을 느낀 야곱의 가장 큰 관심사는 당연히 에서의 공격을 받지 않고 일단 무사히 만난 후 헤어지는 것이었다.

회개와 용서를 통한 관계 회복

야곱은 자신과 형 에서 사이의 관계 회복을 위해서 별다른 관심을 보이지 않았다. 오랜 세월이 지난 덕분에 에서가 야곱의 일들과 그 감정을 잊어버렸는지, 아니면 하나님의 은혜인지, 에서가 야곱을 환대하는 바람에 무사할 수 있었던 것이다. 그만큼 에서는 야곱에 비해서 급하고 과격하지만 단순하고 더 순수한 성격의 사람이었는지도 모른다. 다만 장자권을 소홀히 하고 이방 여인들을 아내로 삼는 바람에 주변부로 밀려나고야 말았다.

진정한 관계의 회복은 자신의 잘못에 대한 의식적인 고백과 회개와 함께 상대방의 용서가 있을 때 이루어진다. 상대방이 그것을 언급하지 않는다 하더라도 정직하게 자신의 잘못을 구체적으로 인정하고 상대방의 용서를 구하는 것이 중요하다. 가해자와 피해자의 마음속 깊은 곳으로부터 우러나오는 용서와 화해의 대화가 있을 때 진정한 치유와 회복이 이루어진다.

하나님이 야곱에게 나타나셔서 그를 인도하시고 사용하시는 것은 하나님의 주권에 속한 일이기 때문에 우리가 왈가왈부할 성질의 것은 아니다. 다만 이해타산에 맞추어 행동하며 현실을 파악하는 야곱의 삶의 모습을 볼 때, 진정한 화해자의 모습과는 거리가 있어 보인다.

상담을 요청하는 사람들(그들 가운데는 크리스천도 많다)이 상처와 고통 속에서 아파하는 것은, 다름 아닌 가해자의 파렴치한 모습과 회개하지 않는 뻔뻔한 행동이다. "당신에게 이런저런 상처를 주어서 미안하다. 용서하라"고 말해도 용서해 줄까 말까 하거나 혹은 그래야 속이 조금은 후련해질 것 같은데, 가해자는 좀처럼 그런 말을 하기가 쉽지 않다. 이런 경우 크리스천이 가장 하기 쉬운 말은 "그러나 하나님은 여전히 나를 용서하시고 사랑하시며 인도해 주신다"는 것이다.

하나님께서 허물 많은 나를 용서하시고, 인도하시며, 사랑해 주시는 것은 하나님과 나의 관계에서 이루어지는 것이다. 그것이 내가 상처와 아픔을 주었을 수도 있는 상대방의 마음을 돌보지 않아도 된다는 면죄부가 될 수는 없다. 신앙이 나의 잘못된 말과 행동에 대한 방어막이 되어서는 안 된다는 것이다. 사람들을 만나 그들의 아픔과 문제를 듣다 보면, 우리 주위에 야곱과 같은 사람들이 많다는 것을 발견하곤 한다.

하나님을 믿고 신앙생활을 하고 있음에도 불구하고 여전히 타인에게 아픔과 상처를 주며, 자신의 행동을 정당화하는 사람들, 삶의 방향과 목적을 자신의 이익과 행복에다 우선순위를 두는 사람들, 필요에 따라서 하나님을 끌어다 쓰는 사람들, 그곳에 진정한 화해와 회복이 이루어지기란 참으로 어렵다. 자기와 가족들, 친구들, 그 밖에 타인들과의 왜곡된 관계에서 벗어나 보다 정직하게 용기를 가지고 자신을 대면할 수 있을 때 진정한 관계의 회복과 치유가 일어나게 됨을 야곱과 에서의 만남을 통해서 기억할 수 있기를 바란다.

내가 너와 동행하리라

야곱을 만난 에서는 12절에서 이렇게 말한다. "우리가 떠나자. 내가 너와 동행하리라." 이것이 영어 성경에는 "Let us be on our way. I will accompany you"로 되어 있다. 우리는 여기서 'our way'에 주의를 기울일 필요가 있다. 에서는 야곱에게 우리의 길을 가자고 말하고 있는데, 에서는 자신의 길과 야곱의 갈 길이 같다고 여기고 있는 것 같다.

그러나 그들이 가는 길은 같을 수가 없다. 야곱은 더 이상 인간 야곱의 길이 아니라, 하나님의 인도하심을 받는 삶을 살아가야 한다. 이 말은 에서가 악한 사람이고, 야곱이 선한 사람이라고 말하는 것이 아니다. 오히려 어수룩하고 단순한 에서가 약삭빠르고 재리에 능한 야곱에 비해서 더 인간적이고 사람 냄새가 난다고 볼 수 있다. 그러나 인간적으로 착한 것과 하나님을 믿으며 하나님의 인도하심을 받는 것은 다른 차원의 삶의 방식이다.

우리도 이 세상을 살아가면서 이런 유혹을 받을 때가 많다. 교회를 다니고, 하나님을 믿고, 하나님의 뜻 가운데 살기 원하지만, 이 세상의 문화와 주위 사람들은 '우리 길'을 가자고 유혹한다. 그 길이 반드시 악한 길이 아닐 수도 있다. 그저 세상의 흐름에 발맞추어 살아가는 것이다. 그러나 크리스천의 삶이란 이 세상 속에 발 딛고 살아가지만, 이 세상의 길을 따르지 않는 삶을 말한다.

에서는 또한 "내가 너와 동행하리라"고 말한다. 약한 야곱을 자신이 지켜 줄 수 있을 것 같고, 그래야만 된다고 에서는 믿는 것이다. 이 세상이 우리와 동행하고자 할 때 단호하게 거부하는 용기가 필요하다. 자신을 환대하는 에서의 비위를 맞추어 주기 위해서 그의 제의를 수락하지 않은 야곱이 오늘 우리에게 그러한 용기를 보여준다.

그러나 세상 힘의 유혹은 매우 끈질기다. 자신의 권유를 거절하는 야곱에게 에서는 15절에서 자신의 사람 중 몇을 네게 머물게 하겠다고 말한다. 만약에 그렇게 했더라면, 이후 야곱의 행보에 많은 변화가 있었을 것이다. 그러나 야곱은 단호하게 그것까지도 거절하면서 매듭을 짓고 만다.

물론 우리가 이 세상을 살아가면서 이 세상 문화와 가치관과 완전히 단절되어 살아갈 수는 없다. 여전히 에서는 야곱과 가까운 곳에 살고 있었기 때문이다. 그럼에도 불구하고 본문의 이야기는 우리가 이 세상 것들의 달콤함 때문에 우리 마음과 생활 속에서 우상으로 남겨 둔 것을 볼 수 있어야 하며, 그 유혹에 저항해야 한다는 강력한 메시지를 전하고 있는 것이다.

남을 속이는 자 야곱, 형 에서와의 만남에서조차 잘못에 대한 진정한 고백과 용서가 결여되었던 야곱, 그런 야곱이 본문 마지막에 보여주는 긍정적인 메시지는 야곱이라는 사람이 지니는 이중성을 절묘하게 보여주고 있다. 이에 더하여 야곱의 이중성을 보시면서도 그를 인도하시는 하나님의 계획과 언약이야말로 우리 인간들이 해석하기에 버거운 거룩한 이중성을 드러내고 있다고 할 수 있다.

힐링의 사색을 위한 키워드

진정성 있는 눈물과 입맞춤. 구체적인 회개와 용서.

진정한 치유와 관계의 회복. 자기 정당화.

세상 길을 따르지 않는 삶. 끈질긴 세상 유혹.

| 23 | 창 37:1-28

희망의 불씨를 지피시는 하나님

말씀 읽기

"요셉이 그들에게 가까이 오기 전에 그들이 요셉을 멀리서 보고 죽이기를 꾀하여 서로 이르되 꿈꾸는 자가 오는도다 자, 그를 죽여 한 구덩이에 던지고 우리가 말하기를 악한 짐승이 그를 잡아먹었다 하자 그의 꿈이 어떻게 되는지를 우리가 볼 것이니라 하는지라 르우벤이 듣고 요셉을 그들의 손에서 구원하려 하여 이르되 우리가 그의 생명은 해치지 말자 르우벤이 또 그들에게 이르되 피를 흘리지 말라 그를 광야 그 구덩이에 던지고 손을 그에게 대지 말라 하니 이는 그가 요셉을 그들의 손에서 구출하여 그의 아버지에게로 돌려보내려 함이었더라"(창 37:18-22).

묵상하기

본문은 야곱이 가나안 땅에 정착한 후에 벌어지는 일들, 특히 요셉과 연관되어 일어나는 일들에 대한 이야기들을 다루고 있다. 37장에는 창세기의 나머지 이야기들과 출애굽기까지 이어지는 모든 사건들의 매우 중요한 단서를 제공하는 요셉이 애굽으로 팔려가는 장면이 나온다. 즉 요셉의 아버지 야곱과 요셉의 형제들, 더 나아가 이스라엘 백성에게 매우 중요한 영향을 미치는 일이 시작되는 부분이다.

야곱의 편애, 반복되는 가정 불화

역사는 반복된다는 말이 있듯이, 성경 속에서도 반복되는 한 가정의 이력이 나오는데, 바로 본문에 등장하는 야곱과 요셉이다. 야곱은 요셉을 다른 아들보다도 더 사랑했다. 물론 가장 중요한 이유는 자기가 가장 사랑했던 아내 라헬로부터 나이 들어 얻은 아들이었기 때문이었다. 그러나 다른 한편으로는 아마도 요셉의 성격이 자신과 가장 닮았기 때문에 그를 더 아꼈을지도 모른다. 자기에게 이익이 되는 것을 거침없이 말하는 것, 형들에게 강한 경쟁의식을 가지고 있는 것 등에서 요셉에게 야곱과 비슷한 성향이 있었음을 발견할 수 있다.

게다가 우리가 아는 것처럼, 이후 요셉의 삶의 방향은 야곱이 걸어갔던 것과 매우 유사하게 펼쳐진다. 자기 고향을 타인으로 인해 떠나게 되며, 그 후에 고된 훈련의 시간을 통해서 하나님을 만나게 되고, 아버지의 하나님을 자기 하나님으로 고백하는 것, 그리고 크게 성공한 것과 아울러 야곱은 살아서 그리고 요셉은 죽어서 각자 고향으로 돌아오게 된다는 것까지 매우 흡사한 삶의 여정을 그리고 있다.

가족상담치료를 할 때 반드시 등장하는 것 가운데 하나는 영어로 제노그램(genogram)이라고 하는 가계도다. 자기를 기준으로 3대 위까지의 전체 가족 구성원과 그들과 관련된 일들을 한눈에 볼 수 있도록 그린 그림 또는 표이다. 이것을 하는 이유는 가족 중 어느 한 사람의 문제와 성격 유형을 보다 체계적으로 알기 위해서이다. 한 개인의 독특한 성격뿐 아니라 그 성격을 유발한 가족의 환경을 종합적으로 분석해 보면, 문제에 대한 진단과 아울러 치료에 대한 유용한 정보들을 얻게 된다.

야곱과 요셉 세대 간의 가족관계에서 나타나는 가장 근본적인 공통점은 바로 부모의 편애 속에서 가족생활을 했다는 데 있다. 그리고 그러한 부모의 편애로 인해 형제간의 우애가 어긋나기 시작했으며, 급기야 자기 고향집을 떠날 수밖에 없는 결정적인 요인이 되었다. 야곱은 어머니 리브가의 사랑을, 형 에서는 아버지 이삭의 사랑을 각각 더 받으며 자랐던 것이다.

요셉 역시 다른 모든 형제들보다 아버지 야곱의 사랑을 독차지하며 자랐다. 물론 형이 한 명뿐이었던 야곱과는 달리 요셉은 10명의 형들이 있었다. 따라서 혼자 아버지의 사랑을 독차지했던 요셉이 더 형제들의 시기와 질투를 받았다는 것은 쉽사리 짐작할 수 있는 일이다. 편애로 인해 갈라진 가정, 이보다 더 위험한 환경이 있을까? 자식들을 사이에 두고 때로는 보이지 않게, 때로는 확연하게 분리된 남편과 아내, 자식들은 자식들대로 갈라져 반목과 시기와 다툼으로 가정은 분열과 무관심과 시끄러운 잡음으로 잠잠할 때가 없다. 아들에 의한 부모의 살인, 형제간의 폭력과 살해, 돈과 권력을 앞에 두고 벌이는 서로를 죽이기 위한 양보 없는 전쟁, 아내를 죽인 남편, 남편을 죽인 아내, 이러한 비극적인 사건의 핵심에는 자녀들에 대한 부모의 편애가 도사리고 있는 것이다.

편애는 가정상담의 핵심을 차지하고 있다. 고통과 상처의 가해자와 피해자가 부모가 되었든, 형제자매지간이 되었든지 간에 가정에서 경험했던 편애가 주요 원인이 되고 있는 것이다. 한편 현재 가정에서 겪는 편애로 인해 상처받는 아이들이 있는 반면에, 그들의 부모 역시 각기 자라난 가정(흔히 원가족이라고 부르는)에서 부모들에 의한 편애의 피해자 혹은 기득권자로 자라났을 가능성도 있다.

남편과 아내 그리고 자녀들을 있는 그대로 인정하면서 다른 가족 구성원들과 비교하지 않는 것이 필요하다. 부부와 부모 그리고 자녀와의 관계가 서로의 필요와 능력에 따라서 달라지는 가족은 역기능적인 모습을 보일 수밖에 없는 것이다. 굳이 뭔가 자신의 가치를 보여주어야만 다른 가족의 사랑과 인정을 받을 수 있다면, 그 가족은 매우 불행한 이야기를 써내려갈 수밖에 없게 된다.

미국의 한인 신학교에서 학생들을 가르칠 때의 일이다. 기독교 상담학과 책임교수와 학교 상담센터를 맡고 있었기에 학생들을 상담할 기회가 많았다. 학생들 가운데 절반 정도는 기러기 엄마들이었는데, 대부분 한국에서부터 똑똑하고 성실한 아이들을 가진 분들이었다. 그래서 미국에서 가르치고자 하는 열망으로 그 어려운 기러기 가정을 일구고 있는 것이었다.

그러나 그 가운데는 한국에서 자녀와 아빠와의 불화 혹은 부부 사이가 원활하지 못한 관계로 인해 어쩔 수 없이 기러기 가족을 택한 경우도 있었다. 함께 이야기를 나누며 기도하는 한편, 결혼과 가족 상담이나 가족 체계와 같은 과목을 함께 가르치고 배우면서, 자신들의 원가족의 역기능과 지금 가족의 문제점들의 실체를 조금씩 알아가는 은혜가 있었다.

많은 경우 자녀들의 성적이나 성격이 문제가 되었는데, 알고 보면 부모들이 자녀들을 있는 그대로 받아들이지 못한 데서 문제의 원인을 찾을 수 있었다. 특히 자녀가 둘 이상일 경우, 부모의 기대에 부응하는 아이와 그렇지 못한 아이에 대한 엄청난 차별은 아이들에게 너무나 큰 상처를 남긴다. 부모가 그리고 있는 아이의 모습과 성적에 아이가 맞추어 가야 한다. 자신의 적성, 성격, 장점, 흥미, 이런 것들이 무시되는 상황에서 어떻게 보면 아이들이 욕을 배우고, 폭력으로 맞대응하고, 죽음을 생각하는 것은 그리 놀랄 일이 아니라는 생각이 들 때도 있다. 그저 옆에 있기 때문에 서로의 가치와 존재를 알아주고 인정해 주는 그런 가정이 너무도 그리운 시대에 우리는 살아가고 있다.

꿈꾸는 자가 오는도다

19절을 보면, 그의 형들이 요셉을 향하여 "꿈꾸는 자가 온다"라고 말한다. 이 말은 히브리어로 '꿈들의 주인'이라는 뜻이다. 요셉의 형들은 그를 동생이라기보다 가족 안에서 아버지의 사랑을 독차지하고 형들을 무시한 '없어져야 할 존재'로 여기고 있다. 요셉은 귀엽고 형들의 사랑을 받는 동생이 아니라 너무나 얄미운, 시시때때로 고자질하고 자기 잘난 맛에 사는 맹랑하고 철없는 어린아이였던 것이다.

그렇잖아도 아버지 야곱의 편애로 인해 눈엣가시 같은 존재였는데, 자기가 꾼 꿈을 그대로 식구들에게 말한 것이다. 형들은 물론 부모까지도 자기를 향하여 절을 하는 꿈을 있는 그대로 말했던 것이다. 물론 그 꿈은 먼 훗날 실제로 이루어질 일을 하나님이 보여주신 것이다.

그러나 요셉의 형들은 시기한다. 현실에서도 아버지로부터 편애를 받고 있어서 마음이 상해 있는데, 요셉이 여러 차례 형인 자신들보다 더 위에 있는 꿈 이야기를 하니 더 이상 견딜 수 없었던 것이다. 그런 요셉이 자기들에게 다가오자 그들은 동생 요셉을 죽이기로 모의한다.

여기서 우리는 죽음으로까지 이끄는 시기와 질투의 깊고 어두운 힘을 보게 된다. 시기와 질투는 우리로 하여금 온전한 판단을 하지 못하게 하며 이성을 잃게 만든다. 앞서 언급했던 가족들 사이의 편애가 파괴를 가져오는 이유는 바로 이 시기와 질투라는 감정 때문이다.

편애는 사람과의 관계를 파괴하는 특징을 가진다. 즉 편애는 단지 어떤 사람을 다른 이보다 더 사랑하거나 잘해 주는 데서 끝나는 것이 아니다. 편애를 받는 사람과 그렇지 못한 사람과의 관계, 편애하는 자와 그에게 사랑받지 못하는 사람과의 관계에서 쌓였던 부정적이고 적대적인 감정들이 결국 관계의 파괴로까지 이어지는 경우가 많다는 사실이다.

요셉의 형들은 요셉이 혼자 오는 것을 보고 그를 죽이기로 공모한다. 아버지 야곱과 함께 있을 때에 억누르고 있었던 요셉에 대한 시기와 질투가 결국 살인이라는 극단적인 행위로 폭발하게 된 것이다. 형들은 동생 요셉을 죽이고 더 나아가 '그의 꿈이 어떻게 되는지 한번 두고 보자' 고 말한다.

절망 속에서 도우시는 하나님의 손길

형들이 다 요셉을 죽이고자 하는 분노로 가득할 때, 장남인 르우벤이 나서서 그의 피를 흘리지 말자고 한다. 또한 르우벤과 더불어 절체절명의 순간에 요셉을 구한 이는 유다이다. 26절에서 그는 "우리가 우리 동생을 죽이고 그의 피를 덮어 둔들 무엇이 유익할까"라고 말하면서 요셉을 살려 주자고 형제들을 설득한다. 요셉의 삶을 이끄시고, 후에 출애굽이라는 대역사를 이루기 위하여 하나님께서는 르우벤과 유다를 통하여 요셉을 살리려고 하신다.

또한 25-28절을 보면, 요셉을 살리기 위해서 하나님이 마련하신 기가 막힌 타이밍을 볼 수 있는데, 바로 그 근처를 미디안 상인들이 지나가고 있었다는 것이다. 요셉에게 겁만 잔뜩 주고 살려 준다는 것은 함께 집으로 돌아가는 것인데, 형들은 그것을 원하지 않았을 것이다. 요셉을 죽이지 않고도 사라지게 할 수 있는 기가 막힌 타협책이 나타났는데, 그것이 바로 미디안 상인들이었다.

하나님은 우리에게 아무런 희망과 살 소망이 없을 때도 르우벤과 유다와 같은 소망의 불씨를 우리에게 남겨 놓으신다. 미디안 상인도 보내신다. 우리 삶이 아무리 깊은 절망과 위급한 순간에 있을지라도 하나님은 절체절명의 순간에 당신의 뜻을 이루시는 분이심을 기억하자. 다만 우리에게 필요한 것은 고난과 위기의 순간에 다가오는 하나님의 은혜의 손길을 볼 수 있는 영적인 분별력과 예민함이다. 이 영적 분별력과 예민함은 하루아침에 이루어지지 않는다. 이것이 날마다 우리에게 영적 훈련이 필요한 이유이다.

힐링의 사색을 위한 키워드

부모의 편애. 가정불화. 형제간의 시기와 질투.

가족 이야기 반복. 가족의 역기능. 편애-관계의 파괴.

절망 속에서 구원하시는 하나님의 손길.

하나님의 타이밍. 소망의 불씨를 남기는 하나님.

영적 분별력과 예민함. 영적 훈련.

| 24 | 창 39:1-23

자포자기의 자리에서 은혜의 자리로

말씀 읽기

"요셉이 이끌려 애굽에 내려가매 바로의 신하 친위대장 애굽 사람 보디발이 그를 그리로 데려간 이스마엘 사람의 손에서 요셉을 사니라 여호와께서 요셉과 함께하시므로 그가 형통한 자가 되어 그의 주인 애굽 사람의 집에 있으니 그의 주인이 여호와께서 그와 함께하심을 보며 또 여호와께서 그의 범사에 형통하게 하심을 보았더라"(창 39:1-3).

묵상하기

본문은 요셉이 형들에 의해서 미디안 상인들에게 팔린 후의 일에 대해서 기록하고 있다. 본문에 나온 말씀대로 미디안 상인들은 요셉을 애굽에서 바로의 친위대장인 보디발에게 팔아넘긴다. 애굽까지 내려가 팔려가는 신세로 전락한 요셉은 하나님의 은혜로 보디발의 집에서 인정을 받으며 지낸다. 그러나 그의 아내의 유혹을 뿌리치다가 그만 오해를 받아 오히려 친위대장의 감옥에 갇히게 되지만, 그곳에서도 하나님께서는 요셉과 함께하시며 그를 지키시어 형통하게 하신다.

본문은 우리에게 여러 가지로 시사해 주는 바가 많지만, 이 책의 목적에 맞게 다음과 같이 힐링을 위한 세 가지 주제를 가지고 함께 이야기를 나누어 보기로 하자.

어두움, 그러나 은혜의 자리

이 글을 읽고 있는 독자 여러분은 지금 어떤 삶의 자리에 서 있는가? 혹시 말로 다할 수 없는 처참한 지경과 형편에 빠져 한숨과 자포자기의 심정으로 그저 하루하루를 연명하고 있지는 않은가? 혹은 너무 억울하여 분노가 속으로부터 폭발하여 매일 약이 아니면 잠들지 못하고 있지는 않은가? 그렇다면 오늘 요셉의 이야기를 들어 보자. 요셉의 상황을 생각해 보며 삶의 위로와 새로운 희망과 용기를 갖게 되기를 간절히 바란다.

형들에 의해서 강제로 아버지 곁을 떠난 요셉은 전혀 낯선 곳에서 아무런 소망이 없는 듯 보이는 신분에 처하게 된다. 바로 친위대장의 종과 죄인이 되어 감옥에 갇히고 만 것이다. 자신을 그토록 사랑했던 아버지 야곱 그리고 비록 자신을 시기와 질투의 대상으로 바라보며 팔아넘기긴 했지만 그래도 여러 형들로 이루어진 가정에서 살아온 요셉이었다. 그런데 이젠 그 누구도 의지할 데 없는 외딴 곳에서 삶의 가장 낮은 밑바닥까지 내려가게 된 것이다. 불평과 불만과 원망과 한탄과 자포자기의 자리, 바로 그 자리에서 요셉은 다시 자기의 삶을 용기 있게 시작한다.

바로 그 어두운 자리에서 하나님께서는 요셉에게 큰 은혜를 베풀기 시작하신다. 아버지 집에서 편한 삶을 살았지만 철없고 이기적이었던 요셉이 인내와 절제와 순종의 사람 요셉으로 바뀐 것이다. 그래서 그가 하는 일마다 형통하게 된다. 또한 그가 하는 일뿐만이 아니라, 요셉을 통하여 그가 섬기는 곳 역시 형통의 복을 받게 된다. 그 형통의 근원은 바로 하나님의 함께하심이다.

> "여호와께서 요셉과 함께하시므로 그가 형통한 자가 되어 그의 주인 애굽 사람의 집에 있으니"(창 39:2).
>
> "그가 요셉에게 자기의 집과 그의 모든 소유물을 주관하게 한 때부터 여호와께서 요셉을 위하여 그 애굽 사람의 집에 복을 내리시므로 여호와의 복이 그의 집과 밭에 있는 모든 소유에 미친지라"(창 39:5).
>
> "여호와께서 요셉과 함께하시고 그에게 인자를 더하사 간수장에게 은혜를 받게 하시매"(창 39:21).
>
> "간수장은 그의 손에 맡긴 것을 무엇이든지 살펴보지 아니하였으니 이는 여호와께서 요셉과 함께하심이라 여호와께서 그를 범사에 형통하게 하셨더라"(창 39:23).

하나님께서는 요셉의 어두움과 한탄의 자리를 은혜와 형통의 자리로 이끄신다. 요셉 자신의 삶은 물론 그가 살고 있는 환경 또한 축복하신다. 요셉은 축복의 통로가 된 셈이다.

우리의 삶의 자리가 어떤 모습이든지 하나님께서 그 자리를 절망과 패배에서 희망과 승리의 자리로 이끄시기를 원한다. 그런데 우리가 기억할 것은 하나님께서 단숨에 요셉을 보디발의 종이나 죄수의 신분에서 해방시켜 주시지 않았다는 점이다. 여전히 요셉의 신분은 자유하지 못하고 얽매여 있는 상태에 놓여 있었다.

우리는 하나님께서 마치 마술이라도 부리셔서 지금 당장 이 험한 상황이나 고난에서 제발 벗어나게 해주시기를 간구하곤 한다. 정말 눈물로 고난과 고통으로부터의 완전한 해방을 놓고 기도한다. 그러나 하나님의 뜻과 인도하심은 다를 수가 있다.

하나님은 해결사이신가?

이스라엘 백성이 출애굽을 하고 가나안으로 들어가는 과정에서 보지 못한 것이 무엇이었을까? 그들은 분명히 하나님께서 물을 주시고, 만나와 메추라기를 주셨음을 알고 있었다. 구름 기둥과 불기둥을 보내주시는 것을 그들의 두 눈으로 똑똑히 보았다. 그러나 그들이 깨닫지 못하고 오해한 것이 있었다. 그것은 바로 그들이 하나님을 해결사로만 여기고 있었던 것이다.

해결사! 그렇다. 그들에게 하나님은 그 이상도 이하도 아니었던 것 같다. 물을 주셔서 자신들의 갈증을 해결해 주시면 하나님을 잊어버린다. 고기가 먹고 싶으면 또 불평하고, 하나님께서 주시면 그저 그뿐이다. 이스라엘 백성은 고난의 광야를 지나면서 하나님과 동행하는 법을 배우지 못했던 것이다. 그들은 광야의 의미를 깨닫지 못했다.

그런데 요셉은 하나님을 해결사로 여기지 않았다. 자신의 고난의 현장에서 최선을 다하여 보디발과 간수장을 묵묵히 섬기며 때를 기다리고 있었던 것이다. 매우 힘들고 어렵고 불평해야 하는 상황에서 하나님께서는 요셉에게 역사하셨다. 형들의 시기로 인해 구덩이에 던져짐을 당하고, 억울하게 감옥에 갇히는 힘든 순간에도 불구하고 하나님을 신뢰하며 최선을 다해 살아간 요셉! 요셉이 갇힌 곳, 바로 그곳에서 놀라운 회복의 역사가 일어났다. 이처럼 우리의 고난의 현장, 바로 그 자리에서 하나님은 구원의 은혜를 베푸실 수 있음을 기억하자. 하나님의 시간에, 하나님의 방법으로 너무도 완벽한 타이밍에 요셉을 옥에서 꺼내 주시는 하나님을 만나게 된다.

끈질긴 성적 유혹, 은혜로 이겨라

요셉은 용모가 빼어나고 아름다웠다(6절). 그로 인해 요셉은 보디발 아내의 엄청나고 끈질긴 유혹을 받는다. 이 유혹은 요셉에게 엄청난 도전이 아닐 수 없었다. 보디발에게 인정을 받으며 집안의 모든 소유를 위탁받은 상황에서 그의 아내와의 동침은 요셉에게 막대한 권력과 부를 얻을 수 있는 너무나도 좋은 거래인 셈이었다.

그러나 요셉은 매우 달콤할 수 있는 이 거래가 동시에 얼마나 위험한 거래인지도 잘 알고 있었다. 그는 자기 주인과 쌓은 신실한 관계를 깨고 싶지 않았다. 그것을 깨는 순간 자신이 어떻게 될 것인지 모를 만큼 어리석지 않았다. 그러나 젊은 요셉이 주인 아내의 집요한 육체적 유혹을 뿌리치기란 그리 쉬운 일이 아니었을 것이다. 한 번쯤은 응할 법도 했지만 그는 끝까지 자신을 지켰다. 둘만의 은밀한 밀애는 요셉에게도 큰 쾌락을 줄 수 있는 일이었다. 그런데 요셉이 그의 지성이나 이성의 힘 혹은 주인에 대한 강한 충성심만으로 그녀의 유혹을 단호히 뿌리칠 수 있었던 것은 아니다. 성적인 유혹은 우리의 이성을 뛰어넘는 인간의 가장 원초적인 본능이요, 감정적인 요소가 크기 때문이다.

요셉이 유혹 속에서도 굳건히 버틸 수 있었던 것은, 그가 하나님의 은혜를 깊이 체득하며 살아가고 있었기 때문이다. 그는 "그런즉 내가 어찌 이 큰 악을 행하여 하나님께 죄를 지으리이까"(9절)라고 말한다. 그는 자신을 형통하게 하신 분은 다름 아닌 하나님이시라는 사실을 깊이 인식하고 있었다. 그러했기에 주인의 아내가 날마다 유혹했지만 동침하지 않은 것은 물론, 함께 있지도 않았다. 요셉은 하나님 앞에서 정직한 삶을 살고자 했다. 그러했기에 그가 감옥에 갇혀 있을 때에도 하나님의 은혜가 그와 함께하여 형통할 수 있었던 것이다.

우리가 살고 있는 이 시대에 얼마나 많은 성과 관련된 추문들이 홍수를 이루고 있는지 모른다. 가정, 직장, 학교, 거리에서 우리의 가정을 망가뜨리며, 나의 삶을 한순간 나락으로 떨어뜨릴 수도 있는 성적인 유혹과 거래들이 이루어진다. 심지어 그로 인해서 명예와 신뢰가 실추된 성직자들이 한두 명이 아님을 우리는 지금도 보고 있다. 성직자라는 직책이 성적인 타락을 막을 수 없으며, 유혹을 이길 수 있는 무기도 아니다. 오히려 일반인들보다 더 교묘한 방법으로 치명적인 유혹이 다가올 수 있으며, 은밀하게 그 유혹에 넘어갈 수 있는 자리가 성직자이다.

우리가 가지고 있는 상식과 이론과 생각과 인격까지도 무참히 망가뜨리는 깊고 진한 성적 유혹을 이기려면, 하나님의 은혜로만이 가능하다. 일상의 생활 속에서 하나님의 임재하심과 은혜를 깊이 묵상하고 실천하는 훈련이 몸에 배어 있어야 한다. 이 말은 우리가 성인군자로 살아가야 한다는 의미가 아니다. 마치 이 세상과 동떨어져서 저 산 깊은 곳에 초막을 치고 살아가야 한다는 것도 아니다. 끝도 없이 날마다 벌어지는 이 세상 안에서의 영적인 전투를 말하는 것이다. 이 전투에서 승리하기 위해서는, 우리의 일상 속에서 임재하시는 하나님을 의식적으로, 의지적으로 깊이 인식할 수 있어야 한다.

형통함, 세상 사람들도 보다

본문을 마치기 전에, 한 가지 더 언급할 것은 요셉의 형통함을 친위대장인 보디발이 보았다는 것이다. 3절을 보면, "그의 주인이 여호와께서 그와 함께하심을 보며 또 여호와께서 그의 범사에 형통하게 하심을 보았더라"고 말한다. 여호와를 알지 못하는 보디발이 요셉의 행실과 그가 하는 일들을 통하여 여호와가 함께하심을 보았다는 것이다.

우리가 하나님의 말씀 안에서 온전하고 성실하게 살아가고자 애를 쓰면, 하나님을 모르는 사람들이 하나님을 알며 보게 된다. 당연히 그럴 수밖에 없지 않겠는가? 교회가 아무리 이곳이 바로 교회고 여기에 하나님이 계신다고 외칠지라도, 교회가 교회답지 못할 때 세상 사람들은 교회를 통해서 하나님을 알 수도 볼 수도 없다. 교회 안에서조차 교회와 교인들이 하나님을 볼 수 없는데, 어떻게 세상 사람들이 하나님을 만날 수 있단 말인가?

세상 사람들로 하여금 하나님을 알도록 하는 가장 좋은 방법은, 하나님을 믿는 나와 교회를 통하여 하나님이 계심을 세상 사람들이 보도록 하는 것이다. 우리가 소리 높여 말하지 않아도, 교회를 골목마다 세우지 않아도, 우리 크리스천들과 교회가 이 땅 위에서 진정한 빛과 소금의 역할을 감당할 수 있다면, 이 세상 사람들은 하나님이 우리와 함께하심을 분명히 알게 되고 보게 될 것이다.

마지막으로 "여호와께서 그의 범사에 형통하게 하심을 보았더라"(3절)라는 부분을 오해해서는 안 된다. 마치 여호와께서 함께하시면 모든 것이 다 성공하고 번창할 것이라는 생각은 세상 사람들이 크리스천들에게 주는 덫과도 같은 논리이다. 하나님을 신실하게 섬기며 성실하게 살아가고 있는 크리스천이 세상 기준에 미흡한 삶을 살아간다고 하더라도 그가 하나님의 은혜를 받지 못하고 있다고 말할 수 없다는 것이다. 물론 그렇다고 세상에서 실패하고 상처입는 것을 정당화하는 것 또한 합당하지 못하다.

요셉이 남의 종이 된 상태에서 그의 범사가 형통했다는 것은 무슨 의미일까? 요셉이 감옥에서 풀려나 바로 앞에 선 것은 그가 감옥에서 바로의 관원장을 만난 지 만 2년이 지난 후였다는 것을 기억할 필요가 있다. 요셉은 여전히 감옥에 있었다. 그런데도 여호와께서 요셉과 함께하셨고 그가 형통한 삶을 살았다고 말한다.

이 이야기가 고난 가운데 있는 우리에게 주는 교훈은 바로 이것이다. 하나님의 은혜는 우리로 하여금 고난과 절망 가운데 빠지게 한 문제 그 자체를 해결해 주실 수 있다. 반면에 하나님은 우리가 그러한 고난과 절망의 순간일지라도 그 안에서 기쁨과 희망을 가지고 살아가도록 도와주신다. 하나님을 모르는 사람들이라면 당연히 포기하고 실의에 빠져 살아가야만 하는 상황일지라도, 주 안에서 믿음을 굳게 붙들고 희망을 잃지 말아야 한다. 그렇게 감사하며 주어진 일을 성실하게 하나하나 이루어 가는 삶, 바로 이러한 삶을 통해 세상 사람들은 우리와 함께하시는 하나님을 보게 될 것이다.

힐링의 사색을 위한 키워드

어두움-은혜의 자리. 자포자기의 자리에서 일어나라.

하나님-형통의 근원. 요셉-축복의 통로.

하나님은 해결사 그 이상. 광야의 의미 제대로 인식하기.

갇힌 곳-회복의 역사. 치명적인 유혹-은혜로 이기기.

일상에서 하나님을 깊이 인식함.

세상으로 하나님을 보게 하는 삶.

역경 중에도 하나님의 형통함을 보기.

| 25 | 창 42:1-28

삶의 밑바닥에서 맛보는 하나님의 은혜

말씀 읽기

"이스라엘의 아들들이 양식 사러 간 자 중에 있으니 가나안 땅에 기근이 있음이라 때에 요셉이 나라의 총리로서 그 땅 모든 백성에게 곡식을 팔더니 요셉의 형들이 와서 그 앞에서 땅에 엎드려 절하매 요셉이 보고 형들인 줄을 아나 모르는 체하고 엄한 소리로 그들에게 말하여 이르되 너희가 어디서 왔느냐 그들이 이르되 곡물을 사려고 가나안에서 왔나이다 요셉은 그의 형들을 알아보았으나 그들은 요셉을 알아보지 못하더라"(창 42:5-8).

묵상하기

본문은 양식을 사기 위해 애굽으로 온 요셉의 형제들과 요셉 사이에 오가는 대화 내용이다. 자신을 상인에게 팔아넘긴 형들과 요셉의 극적인 만남이 이루어진다. 요셉은 그들을 정탐꾼으로 여기며 시므온을 가두게 되고, 그의 형제들은 자신들이 요셉에게 행했던 악행을 떠올리게 되는 장면들이 펼쳐진다.

인생의 밑바닥에도 은혜는 머무른다

우리는 본문을 통하여 요셉이 어렸을 때 꾸었던 꿈이 성취되고 있음을 볼 수 있다.

> "요셉이 꿈을 꾸고 자기 형들에게 말하매 그들이 그를 더욱 미워하였더라 요셉이 그들에게 이르되 청하건대 내가 꾼 꿈을 들으시오 우리가 밭에서 곡식 단을 묶더니 내 단은 일어서고 당신들의 단은 내 단을 둘러서서 절하더이다 그의 형들이 그에게 이르되 네가 참으로 우리의 왕이 되겠느냐 참으로 우리를 다스리게 되겠느냐 하고 그의 꿈과 그의 말로 말미암아 그를 더욱 미워하더니"(창 37:5-8).

하나님께서는 요셉이 어릴 적에 꾸게 했던 꿈을 그대로 이루신 것이다. 요셉의 형들이 요셉에게 절하는 것뿐만이 아니라, 그 매개체가 바로 곡식이라는 것은 한 치의 오차도 없으신 하나님의 섭리를 나타내고 있다.

요셉의 꿈이 이루어지기 위해서는 앞에서 살펴본 것처럼 참으로 많은 일들이 일어나야만 했다. 무엇보다도 시기와 질투에 분노가 불타올랐지만 요셉의 형들이 그를 죽이지 않아야만 했다. 요셉이 죽었다면 꿈이 현실로 이루어지지 못했을 것이다. 르우벤과 유다가 피를 나눈 형제임을 강조하면서 그를 살려 둘 것을 호소하자, 그것을 다른 형제들이 받아들여 그를 미디안 사람들에게 팔았다.

그 후에도 요셉의 삶이 어떻게 흘러갈지는 예측 불가했다. 상인에게 팔려 종의 신분이 된 요셉의 삶은 긍정적으로 풀리기보다 비극적이고 부정적인 방향으로 흘러갈 가능성이 더 많았을 것이다. 그럼에도 불구하고 그는 보디발의 집과 관계를 맺게 되고, 그곳에서도 우여곡절 끝에 바로 앞에 서게 된다. 바로의 인정을 받은 요셉은 마침내 애굽의 총리가 되었던 것이다.

위에서 언급한 요셉의 삶을 보면 그야말로 굴곡진 인생의 연속이었다. 아버지의 사랑을 독차지함과 형제들의 극심한 시기와 질투, 보디발의 종에서 가정 총무, 죄수로 옥에 갇히게 되고 옥의 사무를 맡음, 외국인 종에서 애굽의 총리가 되는 인생 여정을 걷게 된 것이다.

인생의 가장 밑바닥에서부터 가장 높은 곳까지 다 경험한 요셉의 삶의 모습은, 오늘을 살아가고 있는 우리에게 큰 위로와 희망을 던져준다. 특히 고난과 낙심 가운데 원치 않는 큰 실패와 좌절, 배신감과 삶의 밑바닥에서 처절하게 몸부림치고 있는 크리스천들에게 그래도 살아야만 한다는 것, 살 소망을 끊지 말아야 하는 이유를 들려준다. 그것은 요셉이 종에서 총리가 되었기 때문만은 아니다. 고통 속에 있는 수많은 신실한 크리스천들이 전부 요셉과 같은 극적인 신분 상승을 경험하는 것은 아니기 때문이다.

치유하시는 하나님을 굳게 붙드는 삶

그렇다면 요셉의 이야기가 우리에게 치유를 가져다주는 이유는 무엇인가? 그것은 인간의 생각과 계획을 초월하시는 하나님의 이끄심이 분명 있다는 사실이다. 폭풍우 치는 요셉의 삶 속에서 하나하나 인도하신 하나님의 섬세하고 세밀한 간섭하심이 우리에게도 여전히 적용된다는 것이다. 만일 그렇지 않다면, 성경의 이야기는 단지 먼 옛날의 전설 속 이야기나 그저 교훈으로 남는 우화 정도밖에 되지 않을 것이다.

성경은 비록 오래 전에 쓰인 책이지만, 오늘 이 시대를 살아가는 우리에게 여전히 살아 있는 이야기로 꿈틀거린다. 희망과 생명을 상실한 채 떠도는 이 시대 사람들의 마음을 찔러 신명나게 한바탕 춤을 추게 만들 수도 있다. 왜냐고 묻는다면, 답은 바로 성경의 위대한 인물들의 영웅담 때문이 아니라, 그들을 부르시고 이끄셔서 일을 이루신 하나님이 지금도 여전히 살아 계시며, 우리의 삶과 사회와 우주를 다스리고 계시기 때문이다.

요셉이 자신이 처한 극한 상황에서도 맡은 바 일을 성실하게 감당하며 정직하게 살아갔듯이, 우리 역시 살아가면서 부딪히는 수많은 시련과 어려움 속에서도 최선을 다해야 한다. 만일 최선이 불가능하다면 차선으로도 인내하며 살아가야 한다. 희망과 치유는 살아가는 사람만이 경험할 수 있다. 그래서 '죽은' 소망이 아니라 '산' 소망이라고 하지 않는가? 요셉의 삶은 형들의 시기와 질투, 깊은 구덩이와 팔림, 종으로서의 삶과 보디발 아내의 성적 유혹, 감옥살이 등의 위기 상황에서도 산 소망을 잃지 않은 모습으로 요약할 수 있다.

그러한 요셉의 삶은 우리가 처한 상황과 크게 다르지 않다. 하나님의 계획과 이끄심은 우리의 모든 상황을 초월하신다. 삶의 한 시기에 부딪히는 위기에 굴복하기보다 우리를 도우셔서 치유하시는 하나님을 굳게 붙들고 하루하루 앞으로 나아가자.

과거와 직면하라

창세기 42장 21절을 보면 자신들의 과거와 직면하는 요셉의 형들의 모습이 나온다. 요셉의 형들은 요셉에게 저질렀던 자신들의 과거와 대면하게 된다.

> "그들이 서로 말하되 우리가 아우의 일로 말미암아 범죄하였도다 그가 우리에게 애걸할 때에 그 마음의 괴로움을 보고도 듣지 아니하였으므로 이 괴로움이 우리에게 임하도다 르우벤이 그들에게 대답하여 이르되 내가 너희에게 그 아이에 대하여 죄를 짓지 말라고 하지 아니하였더냐 그래도 너희가 듣지 아니하였느니라 그러므로

그의 핏값을 치르게 되었도다 하니"(창 42:21-22).

요셉의 형들이 자기들이 저질렀던 잘못을 서로 말하는 장면은 여기서 중요한 매개체 역할을 한다. 요셉과 형들의 화해를 연결하는 연결고리이자 촉진시키는 촉매 역할을 하였다고 볼 수 있는 것이다. 그들이 요셉 앞에서(사실 요셉인 줄 모르고 있었지만) 자신들이 저지른 악한 일들을 회상하며 요셉이 살려 달라고 애걸하는 모습을 언급한다. 자신들의 잘못을 철저하게 회개했는지의 여부는 확실치 않지만, 적어도 요셉에게 했던 악한 일로 인해 지금의 위기에 빠졌음을 스스로 고백하는 모습은 분명히 요셉의 마음을 만졌을 것이다. 다음에 나오는 요셉의 눈물이 이를 반증한다.

만일 요셉의 형들이 자신들의 악한 행동을 언급하고 반성하는 기미를 보이지 않았더라면, 요셉의 마음이 열리는 데 더 많은 시간이 걸렸을지도 모른다. 이처럼 가해자로부터 시작된 과거의 잘못에 대한 직면은 피해자와의 관계 회복에 매우 중요한 요소가 된다. 물론 요셉과 그의 형들 사이에서 벌어졌던 모든 일들은 하나님의 계획 안에서 이루어진 것들이다. 그럼에도 불구하고 형들이 자책하는 모습은 요셉의 상한 마음을 치유하고, 형들과의 만남을 보다 부드럽게 이끌 수 있는 계기를 마련했을 것임에 틀림없다.

과거와의 정직한 대면은 가해자 자신뿐만이 아니라 피해자를 치유하는 데도 매우 중요한 필수 요소가 된다. 피해자가 받은 상처에서 회복되는 데 물질적인 보상이 있을 수 있다. 명예의 회복도 한 방법이 될 수 있을 것이다. 그러나 가장 근본적인 것은 피해자의 마음의 회복이다. 마음이 회복되어야 타인과의 관계를 다시 시작할 수 있는 용기가 생기는 것이다. 그러기 위해서 필요한 것이 바로 자신의 행동에 대한 가해자의 수용이다. 자신의 과오를 정직하게 받아들인 후에, 의식적이고 깊은 회개로 나아갈 수 있게 되는 것이다.

요셉의 눈물

마지막으로 살펴볼 것은 형들의 대화를 듣고 있던 요셉이 흘린 눈물이다. 여기서 요셉이 흘리는 눈물은 바로 과거의 아픈 기억과 상처, 동시에 현재 형들과의 만남에 대한 감정의 분출을 상징한다. 하나님의 은혜를 많이 입었음에도 불구하고 요셉은 인간적인 모습을 표출한다. 가슴 아프지만 아름다운 모습이 아닐 수 없다. 한편으로는 가족을 떠나 살아온 지나온 삶의 여정과, 다른 한편으로는 현재 자기 앞에서 자신이 요셉인 줄 모른 채 그 사건에 대해 이야기하는 형들을 보면서 요셉은 무엇을 느꼈을까?

눈물을 잃어버리지 않았던 요셉! 그 후 형들에게 하는 행동을 보면, 요셉은 하나님을 진정으로 섬겼을 뿐만 아니라 자신의 가족을 끝까지 사랑했던 한 인간의 아름다운 모습을 보여준다. "꿈꾸는 자가 온다!"라고 비웃으면서 동생을 죽이기로 결심했던 형들을 향한 연민의 마음이 이 눈물을 통해 보여진다. 요셉은 오랫동안 내면에 쌓여 왔던 상처와, 어쩌면 있었을지도 모를 훼손된 자존감을 서서히 회복해 가고 있었는지도 모른다.

애굽의 총리 자리에까지 오른 요셉의 마음 한편에는 여전히 가족을 향한 그리움이 자리 잡고 있었던 것일까? 자기 목숨까지도 해하려고 했던 형들이지만, 그래도 죽이지 않고 목숨만은 살려 주었기 때문일까? 이후의 이야기들을 보면 요셉은 오히려 형들을 위로하고 용기를 주며 최선을 다해 가족을 돌보는 모습을 보인다. 우리가 요셉이라면 어떻게 했을까? 자신의 권력을 이용해서 형제들을 해할 수도 있지 않았을까? 복수할 수도 있었을 것이다. 그러나 꿈꾸는 자, 요셉은 그들에게 은혜를 베풀고 있는 것이다. 요셉은 단지 꿈꾸는 자가 아니라 '꿈을 이루는 자' 였던 것이다.

많은 사람들이 분노를 안고 살아간다. 어떤 사람은 복수의 한을 품으며 모진 아픔을 이겨낸다. 또 다른 이는 망가진 자신의 삶을 부인하고, 기억 속에서 다 지우려 애쓰며 자해하며 살아가는 경우도 있다. 그 안에는 회복이 없으며, 치유가 들어갈 틈도 없다. 그 상태에서는 치유와 회복이 이루어지기 힘들다. 어쩌면 거의 불가능할지도 모른다.

그러한 사람들을 위해서, 특히 과거의 상처 속에서 방황하며 혼돈의 밧줄에 꽁꽁 묶여 있는 크리스천들을 위하여 요셉은 따뜻한 답을 제시한다. 바로 '눈물' 이다. 우리 모두는 상처받을 수 있다. 배신당할 수도 있다. 실패와 절망 속에서 허우적거릴 수도 있다. 앞이 깜깜하여 나갈 출구가 전혀 보이지 않을 때도 있다. 요셉의 삶이 그랬다. 그러나 우리가 잊지 말아야 할 것은, 그럴수록 더 마음이 강팍해지고 자아감이 더 단단해지며, 두 눈이 붉게 불타오르고 메마른 눈을 갖고 있는 한 진정한 치유가 이루어지지 않는다는 것이다. 만일 그 상태에서 가해자를 만난다면, 아마도 그를 죽이려고 할 것이다.

요셉의 두 눈에 아직도 눈물이 메마르지 않을 수 있었던 이유는, 그가 자신의 삶뿐만이 아니라 자기 가족을 이끄신 분이 바로 하나님이심을 분명히 알고 있었기 때문이다. 자기와 형들과 가족에게 벌어진 모든 일들이 하나님의 구원 계획 안에 있었다는 것을 믿었던 것이다. 요셉은 이후에 형들에게 이렇게 말한다.

> "당신들이 나를 이곳에 팔았다고 해서 근심하지 마소서 한탄하지 마소서 하나님이 생명을 구원하시려고 나를 당신들보다 먼저 보내셨나이다……그런즉 나를 이리로 보낸 이는 당신들이 아니요 하나님이시라 하나님이 나를 바로에게 아버지로 삼으시고 그 온 집의 주로 삼으시며 애굽 온 땅의 통치자로 삼으셨나이다"(창 45:5, 8).

은혜받은 자의 모습, 진정한 꿈을 꾸는 하나님의 사람은 바로 이러한 모습이 아닐까? 분노와 복수심으로 가득한 채 세상을 등지고 혹은 적대적으로 살아가기보다, 고통과 절망 속에서도 여전히 자기 자신과 타인과 이 세상을 향하여 하나님 아버지의 눈물을 간직하며 살아가는 자, 그 안에서 온전한 치유와 회복의 역사가 이루어진다. 그래서 요셉의 눈물이 더 감동적이다.

힐링의 사색을 위한 키워드

계획을 이루시는 하나님. 살 소망이 끊어지지 않는 이유.

삶의 처절한 몸부림. 하나님의 세밀한 간섭하심, 산 소망.

위기에 굴복하지 않기. 과거를 회피하지 않기.

피해자의 마음 회복. 요셉의 눈물. 감정의 분출.

눈물을 잃어버리지 않은 요셉.

훼손된 자존감 회복. 분노와 한을 품고 사는 사람들.

하나님 아버지의 눈물을 간직한 자.

| 26 | 창 50:15-26

하나님을 대신하지 않고 누리는 자유함

말씀 읽기

"그의 형들이 또 친히 와서 요셉의 앞에 엎드려 이르되 우리는 당신의 종들이니이다 요셉이 그들에게 이르되 두려워하지 마소서 내가 하나님을 대신하리이까 당신들은 나를 해하려 하였으나 하나님은 그것을 선으로 바꾸사 오늘과 같이 많은 백성의 생명을 구원하게 하시려 하셨나니 당신들은 두려워하지 마소서 내가 당신들과 당신들의 자녀를 기르리이다 하고 그들을 간곡한 말로 위로하였더라"(창 50:18-21).

묵상하기

창세기 50장은 창세기의 맨 마지막에 해당하는 부분이다. 하나님의 천지창조에서부터 시작해서 아담과 하와, 노아, 아브라함, 이삭, 야곱의 이야기가 흥미롭게 진행된 후, 야곱의 가족이 애굽으로 들어가 살게 되는데, 이후 야곱에 이어서 요셉이 숨을 거두는 장면으로 창세기는 대단원의 막을 내리게 된다.

그중에서도 본문의 내용은, 요셉이 죽기 바로 직전에 나누었던 형들과의 대화와 요셉이 유언을 남기고 숨을 거두게 되는 장면으로 마친다. 요셉은 숨을 거두기 전에 형들과 최종적으로 화해하고 그들을 용서한다. 그리고 끝까지 여호와 하나님을 신뢰하라고 형들에게 당부한다. 더욱 인상 깊은 것은, 요셉이 자신의 증조부인 아브라함과 조부 이삭 그리고 아버지 야곱과 맺었던 하나님의 언약의 성취를 다시 한 번 강조하고 있다는 것이다.

다리 못 뻗고 자는 가해자, 요셉의 형들

요셉의 형들에게는 늘 불안감이 있었던 것으로 보인다. 그 불안감이란 무엇일까? 애굽에서 풍족하게 살고 있었음에도 불구하고 약자인 그들로서는 자신들의 삶을 좌지우지할 수 있는 요셉의 권력을 보며, 언제든지 자신들이 누리는 풍요로움이 무너질 수 있다는 불안감을 가지고 있었던 것 같다. 불안감은 그 자체로 끝나지 않는다. 다른 심리적 · 감정적인 상태를 동반하는데, 그것은 바로 두려움이다. 요셉이 자신들에게 복수를 하지는 않을까 하는 두려움이었다.

불안과 두려움! 우리나라 속담 중에 이런 말이 있다. "때린 사람은 다리를 못 뻗고 자도 오히려 맞은 사람은 다리를 뻗고 잔다."

물론 피해자 역시 피해당한 상황을 떠올리며 불안과 공포가 밀려오곤 한다. 심할 경우 피해의식에 갇혀 살아가는 경우도 종종 있다. 반면에 가해자라고 해서 마치 아무 일도 없었던 것처럼 살아가는 것은 아니다. 경우에 따라, 사람에 따라 다르겠지만, 그들의 마음에도 언제 붙잡힐지 모른다는 불안과 자신의 삶에 대한 두려움이 있다. 그런 이유로 한번 가해자는 또 다른 피해자를 만들어 낸다. 자신의 심리적 불안과 두려움을 감추기 위해 또 다른 악을 행하게 되는 것이다. 사실 엄청난 사회적 파장을 가져다주는 범죄자들을 잡고 보면, 정말 뜻밖에도 그들의 모습이 강하기보다 오히려 매우 약하고 소심한 성격의 소유자들이어서 주위 사람들을 두 번 놀라게 한다.

그렇다면 아버지 야곱과 함께 모든 가족들이 함께 살고 있었음에도 불구하고 그들은 왜 불안과 두려움을 느끼고 있었을까? 그것은 아마도 두 가지로 설명할 수 있을 것이다.

첫 번째, 그들은 자신들의 안전을 아버지 야곱에게 의지하고 있었다는 것이다. 악의 피해자인 요셉이 베풀어 준 사랑과 용서의 메시지를 제대로 깨닫지 못한 것이다. 만일 자기들을 용서한 요셉이 믿는 하나님을 그들이 알고 믿었더라면, 그토록 오랜 시간 동안 불안과 두려움 가운데 살아가지는 않았을 것이다. 그러나 그들은 자신들의 안전한 버팀목이 되었던 아버지 야곱이 죽자 신변에 불안을 느낄 수밖에 없었다.

두 번째, 그들은 자신들의 악한 행동에 대해서 온전히 회개하지 않았다. 그들은 야곱의 유언을 전하고, 또 직접 요셉에게 와서 자신들을 종이라고 말하기까지 한다. 이 무슨 우스꽝스러운 행동인가? 이미 자신들이 애굽에서 요셉과 함께 살았던 것이 거의 20여 년이 다 되었다. 그런데 이제 와서 아버지가 죽었다고 해서 요셉이 형제들에게 복수를 하겠는가? 17절 후반부를 보면 그들이 하는 말을 듣고 요셉이 울었다고 했다. 요셉은 그의 형제들에게 복수할 마음이 전혀 없었던 것이다.

요셉의 형제들이 불안과 두려움을 가지고 있었다는 것을 미루어 짐작해 보면, 그들은 자신들의 죄에 대한 진정한 회개와 함께 요셉과의 관계 회복을 온전히 경험하지 못했던 것으로 보인다. 진정한 회개와 치유가 이루어지지 못했던 가장 근본적인 원인은, 야곱과 요셉은 하나님을 신실하게 따르며 섬겨 왔던 반면에, 요셉의 형제들은 하나님을 깊이 받아들이며 신뢰하는 삶을 살지 못했기 때문이다. 17절에 "당신 아버지의 하나님의 종들인 우리 죄를 이제 용서하소서 하매 요셉이 그들이 그에게 하는 말을 들을 때에 울었더라"라고 기록하고 있다.

그토록 오랫동안 야곱으로부터 귀에 못이 박히도록 하나님에 대해서 들었고, 하나님의 인도하심을 보았을 텐데도, 요셉의 형들은 하나님을 가리켜 "당신 아버지의 하나님"으로 표현하고 있다. 심지어 요셉조차도 그들에게 이 모든 일들을 행한 것은 '사람'이 아니라 '하나님'이시라고 말하며 그들을 감싸 안았음에도 불구하고, 그들에게 하나님은 단지 야곱과 요셉의 하나님이었을 뿐이었다.

온전한 회개와 용서는 하나님의 인도하심과 사랑을 경험했을 때 그 진정성을 가진다. 단지 어떤 위험한 순간을 모면하기 위한 방편으로 하나님을 사용하는 것이 아니라, 자기의 삶 전체의 이야기를 써내려 가시는 하나님을 인정하고 받아들일 때 죄책감과 불안과 두려움으로부터 해방되어 진정한 해방의 기쁨을 누리게 된다. 하나님을 자신들의 주인으로 받아들이지 못했던 요셉의 형제들은 오히려 피해자였던 요셉이 누렸던 자유함과 평안함을 누리지 못했던 것이다.

요셉의 겸손함, 하나님을 대신하지 못함

형들의 불안과 두려움과 비굴한 모습을 보며 눈물을 흘린 요셉은 그들에게 "내가 하나님을 대신하리이까?"라고 말한다. 요셉은 분명히 형들이 자기를 해치려고 했다는 사실을 잘 알고 있었다. 그러나 그는 판단과 정죄함을 하나님께 맡겼다. 형들의 죄로 인해 온갖 수모와 모함과 고초를 당하기까지 했던 요셉은 형들의 죄악된 행위를 나무라지 않았다.

요셉이 그렇게 할 수 있었던 가장 큰 이유 중의 하나는, 그가 악을 선으로 바꾸시는 하나님을 자신의 삶을 통해서 경험했기 때문이다. 악을 선으로 바꿀 뿐더러 고통과 원한과 상처투성이로 살아갈 수도 있었던 자신의 삶을 하나님께서 선하게 인도하시는 것을 그의 삶 속에서 믿었으며 눈으로 보았기 때문이다. 악을 선으로 바꾸시는 하나님을 고통과 상처 속에서 붙든다는 것은 그리 쉬운 일이 아니다. 물론 그냥 믿으면 된다고 말하기는 쉽다. 그러나 그 하나님을 가슴 깊이 고백하며 가해자들을 용서해 주며, 오히려 그들을 위로하는 것은 거의 불가능에 가까운 일이다.

우리는 하나님을 대신할 수 없다. 그래서 어찌 보면 가해자에 대한 용서도 하나님께 맡겨야 된다고 말할 수 있다. 실제로 그렇게 사는 사람도 있다.

그런데 여기서 중요한 것이 있다. 하나님이 상처받은 나의 마음을 만지시며, 가해자로 하여금 자신의 잘못을 깨닫게 해주실 수 있다는 것은 의심할 바 없다. 그럼에도 불구하고 가해자와 피해자 사이의 정직한 대면이 필요한 경우가 종종 있다는 것이다. 요셉과 그의 형들의 경우와는 달리, 오히려 크리스천인 가해자가 피해자에게 주님의 이름으로 다 용서하고 옛날 일은 다 잊어버리자고 말하기가 더 쉽다. 피해자가 힘들어하면 왜 그렇게 믿음이 없느냐고 큰소리치는 경우가 자주 있다는 말이다.

상담을 하다 보면 이런 경우로 인해 힘들어하고 더 우울해하는 내담자들도 보게 된다. 차라리 요셉의 형들처럼, 진정이 아닐지라도 자신들의 잘못을 말하고 종이라도 되겠다고 말하면 좀 나으련만, 오히려 가해자들의 모습이 너무도 뻔뻔스럽다. 이런 문제로 힘들어하는 분들을 위해 목회상담자로서 가해자와의 대면 여부에 상관없이 상대방의 악한 행동에 대한 정죄 여부를 하나님께 맡겨야 한다고 말하고 싶다.

물론 상대방이 자신의 잘못을 솔직히 인정한다면 그 과정은 어느 정도의 거부감이 동반되기도 하겠지만, 용서와 화해의 길로 나아가는 것이 순조롭게 진행된다. 반면에 상대방의 완강한 부인과 침묵과 적반하장의 태도는 피해자로 하여금 더욱더 커다란 분노를 갖게 한다.

그러나 내 안에서 용서가 이루어질 때, 우리 자신이 하나님의 사랑과 돌보심을 맛보는 축복을 누리게 된다. 어떤 분은 지독히도 오랫동안 상처와 분노를 안고 살아가다 보니 신앙생활은 유지해 가지만 하나님과의 관계 속에서 회복과 치유를 경험하지 못하는 것을 보게 된다. 물론 자신에게 상처를 준 가해자에 대한 용서는 생각하지도 못한다. 참으로 안타까운 모습이 아닐 수 없다.

과거는 아프지만, 상처 난 과거가 현재와 미래를 지배한다면 하나님을 믿는 신앙은 어디에 자리해야 하는 것일까? 신앙의 힘으로 극복하지 못할 분노와 절망은 없다. 이것을 확실하게 믿는 것이 믿음이다. 상처 난 과거이지만 하나님께서 그 안에 함께하셔서 내 삶을 희망으로 만들어 가실 것을 믿는 것이다. 초라해 보이고 나약해 보이지만, 하나님께서 하실 일을 오늘 보는 것이다. 한 발자국 한 발자국 하나님과 함께 동행하는 삶을 살아가는 것이다. 헨리 나우웬은 이러한 삶을 "상처받은 치유자의 삶"이라고 말한다.

죽음도 초월하는 요셉의 신실한 믿음

요셉의 마지막 장면은 눈물겹다. 요셉이 죽기 전에 형제들과 이스라엘 자손들에게 남긴 유언은 어느 누구의 유언보다도 정겹고 아름답고 찬란하다. 너무도 빛난다. 희망의 메시지로 다가온다.

> "요셉이 그의 형제들에게 이르되 나는 죽을 것이나 하나님이 당신들을 돌보시고 당신들을 이 땅에서 인도하여 내사 아브라함과 이삭과 야곱에게 맹세하신 땅에 이르게 하시리라 하고 요셉이 또 이스라엘 자손에게 맹세시켜 이르기를 하나님이 반드시 당신들을 돌보시리니 당신들은 여기서 내 해골을 메고 올라가겠다 하라 하였더라"(창 50:24-25).

요셉은 죽음조차도 두려워하지 않고, 오히려 아브라함과 이삭과 야곱에게 맹세하신 하나님의 언약을 다시 한 번 그들에게 상기시킨다. 요셉은 하나님이 그들을 애굽에서 인도하여 다시 가나안으로 이끄실 것을 죽음을 목전에 두고서도 잊지 않는다. 이에 가나안을 그리워하던 요셉은 가나안으로 갈 때 자신의 해골을 메고 올라가라고 형제들에게 당부한다.

낯선 이방인의 땅에서 치열하게 나그네의 삶을 살다 간 요셉! 종살이하던 현실을 한탄하거나 저주하지 않고, 성실함으로 자기 식물을 삼고 하나님과 동행하며 놀라운 축복을 받으며 살았던 요셉! 그의 삶은 오늘 고난과 절망과 한탄 속에서 헤매는 상처받은 자들에게 큰 위로와 희망과 치유를 준다. 죽음 앞에서도 하나님의 돌보심을 증거하는 요셉의 말은, 지금 우리가 품어야 할 강력한 메시지이다.

지금 당신은 절망 속에 슬피 울며 종일 구석진 방 안에 틀어박혀 있는가? 일어나라! 도우시는 하나님을 신실하게 붙들어야 한다. 그가 당신을 지켜 주실 것이다. 도저히 용서하지 못할 사람이 있는가? 생각만 해도 너무나 지긋지긋하고, 당신의 삶을 송두리째 빼앗아 간 그 사람 때문에 아직도 잠을 설치고 자꾸만 가슴이 무너져내리는가? 이제는 그 사람을 하나님께 맡겨야 한다. 정죄와 심판은 하나님께 맡기고, 다시 당신의 삶의 이야기를 이어 가기 바란다. 파괴와 분노에 자신을 내던지지 말고 용기 있게 다시 일어나야 한다.

아브라함과 이삭과 야곱 그리고 요셉과 함께하시며 언약을 이루신 여호와 하나님이 그 신실하심으로 오늘 나와 당신과 함께하실 것이다.

힐링의 사색을 위한 키워드

가해자들의 불안과 두려움. 위장된 또 다른 범죄.

사람에게 의존한 안전. 온전한 회개. 진정한 관계의 회복.

나의 하나님과 타인의 하나님. 하나님을 대신하지 못함.

가해자와 피해자의 대면. 내 안에서의 용서.

상처와 분노를 안고 살아감. 건강한 회복과 치유를 경험하지 못함.

상처받은 과거 안에 머무름. 분노에 자신을 맡김.

죽음도 초월한 요셉의 믿음.

판 권
소 유

힐링으로 읽는 창세기

2014년 7월 10일 인쇄
2014년 7월 15일 발행

지은이 | 장보철
발행인 | 이형규
발행처 | 쿰란출판사

주소 | 서울특별시 종로구 이화장길6(이화동)
TEL | 02-745-1007, 745-1301, 747-1212, 743-1300
영업부 | 02-747-1004, FAX / 02-745-8490
본사평생전화번호 | 0502-756-1004
홈페이지 | http://www.qumran.co.kr
E-mail | qrbooks@gmail.com
| qrbooks@daum.net
한글인터넷주소 | 쿰란, 쿰란출판사

등록 | 제1-670호(1988.2.27)

책임교열 | 박은아 · 신영미

값 10,000원

ISBN 978-89-6562-634-3 93230